Bienestar emocional tras una relación narcisista

Se acabó. Descubre por qué atraes personalidades narcisistas y aprende a protegerte de manipuladores emocionales y relaciones tóxicas

Tabla de Contenidos

INTRODUCCIÓN 5

CAPÍTULO 1 - DESCIFRANDO EL NARCISISMO 11

Los 7 signos de advertencia del trastorno narcisista de la personalidad 11
¿Qué causa el narcisismo? 18
4 tipos de narcisistas de los que usted necesita mantenerse alejado 20
Los 4 tipos de personas que atraen a los narcisistas 22

CAPÍTULO 2 - MANTENERSE UN PASO ADELANTE 26

11 maneras de saber que tiene una relación con un narcisista 26
5 cosas que a todo narcisista le gusta decir 41
5 desencadenantes de la furia narcisista 43

CAPÍTULO 3 - CUANDO ES SUFICIENTE ES SUFICIENTE 49

5 consejos esenciales para tratar con un narcisista de la manera correcta 49
5 frases para desarmar instantáneamente a un narcisista ... 54

CAPÍTULO 4 - CORTE DE LA CUERDA 59

Por qué es tan difícil romper con un narcisista 59
Las 7 etapas de la vinculación del trauma 61
Cómo romper con un narcisista para siempre 63

USANDO EL MÉTODO DE LA ROCA GRIS A SU FAVOR 66

CAPÍTULO 5 - SANACIÓN DEL ABUSO NARCISISTA 69

LAS 5 ETAPAS DE RECUPERACIÓN DEL ABUSO NARCISISTA 70
5 VERDADES TRANSFORMADORAS A LAS QUE TODA VÍCTIMA DEBE ENFRENTARSE 75
EJERCICIOS ESENCIALES PARA FORTALECER EL CORAZÓN Y LA MENTE SANADORES 80
AFIRMACIONES QUE PROTEGEN LA VIDA PARA CURAR HERIDAS DEL PASADO 83

CAPÍTULO 6 - ROMPER EL CICLO 88

6 RAZONES POR LAS QUE SIGUES ATRAYENDO A LOS NARCISISTAS 88
7 MANERAS DE DETECTAR A UN NARCISISTA EN LA PRIMERA CITA 92
4 MANERAS DE DEJAR DE ATRAER A LOS NARCISISTAS DE UNA VEZ POR TODAS 97
9 PODEROSOS CONSEJOS PARA DESARROLLAR UN AMOR PROPIO INQUEBRANTABLE 100

CAPÍTULO 7 - AMAR DE NUEVO 105

7 ERRORES QUE SE DEBEN EVITAR CUANDO EMPIEZAS A SALIR CON ALGUIEN DE NUEVO 105
5 PRIMEROS SIGNOS DE QUE FINALMENTE HA ENCONTRADO UN BUEN SOCIO 110
8 GRANDES HÁBITOS PARA COMENZAR SU NUEVA RELACIÓN DE LA MANERA CORRECTA 114

CONCLUSIÓN 119

Introducción

Si ha escogido este libro, es posible que se pregunte si tiene una relación con un narcisista. Alternativamente, puede saber que está en una relación con un narcisista y ahora se pregunta cómo salir de él. O podría estar tratando de evaluar si realmente necesita salir o si las cosas mejorarán.

Puede que haya venido a este libro porque acaba de salir de una relación que comenzó bien pero que luego te dejó tan magullado e inseguro de lo que salió mal que ahora está buscando maneras de sanar y seguir adelante. Desea evitar una repetición de la devastación que un narcisista puede causar en su bienestar.

Algunos de ustedes pueden incluso estar en una nueva relación con alguien que fue herido por un narcisista y quiere saber cómo ayudarlos a seguir adelante.

Sea lo que sea lo que te trajo aquí, has venido al lugar correcto. En los capítulos siguientes, aprenderás a identificar el abuso narcisista y a detectar a un narcisista, para que no te vuelva a picar. Aprenderás lo que dicen, lo que hacen y cómo reaccionan.

Aprenderás a protegerte y a usar técnicas para retroceder, de modo que no atraigas la ira de este tipo de personalidad particularmente difícil. Lo más importante es que se te darán las herramientas para ayudarte a recuperarte de tu experiencia y seguir adelante con tu vida hacia un futuro más feliz y mejores relaciones.

Como alguien que se ha encontrado con algunos narcisistas en mi época, he estudiado de cerca este tipo de personalidad problemática y he desentrañado muchos de los secretos que los hacen ser quienes son. Una vez que realmente los entiendes, pierden su control sobre ti y se revelan por lo que son - individuos preocupados y profundamente solitarios que tristemente están demasiado dañados para disfrutar de relaciones sanas y equilibradas con los demás. No puedes ayudarlos.

Lea este libro y saldrá no solo con una mayor comprensión, sino también con las herramientas para liberarse del narcisista en su vida. Puede esperar una mayor paz y seguridad en sus relaciones futuras, una sensación de seguridad y bienestar y una mayor confianza en sí mismo, algo que un narcisista es bastante hábil para socavar.

Esto es lo que cubriremos:

- **Cómo detectar a un narcisista**

    Descubrirá lo que te dirán, cómo se meten en su piel y, lo que es más importante, cómo te harán sentir. Vamos a ver los diferentes tipos de narcisistas y algunos ejemplos de cómo tienden a comportarse en ciertas situaciones, por ejemplo, en una primera cita.

    También veremos qué es lo que convierte a alguien en un narcisista, y quiénes son realmente bajo ese exterior duro (pista: muy inmaduro). Saber cuán pequeñas y asustadas son estas personas bajo esa superficie lisa es clave para entender su comportamiento y para no ser afectadas por él.

- **Cómo recuperarse del abuso narcisista**

    Un narcisista puede hacer daño aparentemente sin arrepentirse. Con sus palabras y su comportamiento, pueden hacerle dudar de usted mismo, sentirse inseguro de su cordura y vivir en un estado de sitio. Prosperan en el drama, la discordia y el conflicto, mientras que la gente a su alrededor lucha por hacer cualquier otra cosa que no sea protegerse de su próximo ataque. Pero puede romper este ciclo y no volver a caer en él.

    En este libro, descubrirá cómo fortalecerse, sanar y restaurar su sentido de autoestima después del abuso narcisista. También veremos cómo separarse, desconectarse o pasar de un narcisista sin atraer su ira narcisista.

- **Cómo lidiar con un narcisista en el momento**

    Desafortunadamente, este rasgo de personalidad es razonablemente común. De hecho, hay veces en que es más fácil llevarse bien con un narcisista. Un ejemplo es cuando usted tiene uno en su lugar de trabajo y de otra manera ama su trabajo. Otra es cuando tiene un miembro narcisista de la familia con quien tiene que mantener algún contacto por el bien de la paz más amplia. ¿Por qué deberías irte para escapar de esta única persona?

    La respuesta es que no. Pero lo que necesita son algunas técnicas simples para prepararse para esos encuentros. De esta manera, puede tratar con el narcisista de una manera tranquila y asertiva "en el momento" cuando intentan presionar sus botones. El otro beneficio de esto es que es probable que se aburran, pasen a su próxima víctima y te dejen en paz.

- **Cómo escapar de un narcisista**

Una cosa que los narcisistas no pueden tolerar es ser ignorados o abandonados. Esto desencadena todos sus sentimientos enterrados, a menudo desde la infancia, que los llevó a comportarse de manera abusiva en primer lugar. Puede estar seguro de que le harán la partida tan difícil para usted como lo es para ellos. Una vez que haya escapado, el narcisista en su vida simplemente pasará a otra persona, pero antes de que eso suceda, puede esperar una escalada de todos sus peores comportamientos. En los casos más graves, puede estar en peligro real.

Sin embargo, hay maneras de desarmar al narcisista, retroceder lentamente y protegerse. Estos pueden ser aprendidos. Lo más importante es que estas técnicas harán que el proceso sea más fácil y menos angustioso para usted. Con un poco de planificación y tácticas de fácil acceso a sus espaldas, pronto estará esperando un futuro más pacífico, lejos de este individuo dañado y dañino.

- **Cómo ayudar a otras víctimas de abuso narcisista**

Tratar con un narcisista puede hacerte sentir aislado e inseguro de tu propia cordura. Siga leyendo para conocer las herramientas esenciales que lo ayudarán no solo a recuperarse, sino también a detectar los signos en otras víctimas y ayudarlas a liberarse también. Como se sabe más de este tipo de personalidad, espero ver un mundo en el que no se salgan con la suya casi tanto como parecen ahora mismo. Los narcisistas prosperan en el secreto, y al escribir este libro y exponer sus secretos, espero que aprendas de mi trabajo y te vayas sintiéndote mejor equipado para simplemente desentenderte de ellos.

A través de mis escritos, investigación y estudio de este tipo de personalidad en particular, he ayudado a muchas personas a escapar del abuso narcisista. Estar atrapado en una relación con un narcisista es algo que comparo con la analogía de la "rana en la cacerola de agua": cuando la rana se da cuenta de que el agua está hirviendo, ya es demasiado tarde para saltar.

Con un narcisista, se encuentra luchando por escapar, agotado por sus juegos mentales, sus rabietas y sus insultos. Termina dudando de usted mismo. Usted puede sentir que está atrapado en una situación aparentemente interminable y que ya no tiene el valor de escapar.

¡No deje que esto le pase! Edúquese, aprenda las señales que debe buscar y cómo cuidarse y a los demás. Un narcisista tiene el poder de causar grandes daños e incalculables daños a quienes lo rodean, pero no tiene por qué ser así. Son tan fuertes como usted lo permita.

Cuando realmente entiendas este tipo de personalidad, verá que no son tan poderosos como parecen. Usted sabrá exactamente qué decir y cómo comportarse para que simplemente se aburran y pasen a otra persona. En mi experiencia, los narcisistas son muy difíciles, si no imposibles, de tratar.

No cambian y no buscan ayuda. A menudo, están perfectamente satisfechos con el estatus quo y se resisten a cualquier cambio o mayor igualdad en sus relaciones con los demás. ¿Por qué querrían un cambio cuando tienen a todos bailando a su alrededor?

Entonces, por difícil que sea, tampoco tiene sentido desear que cambien, a pesar de lo que pueden prometerte a veces. Nunca cambiarán. Todo lo que puede hacer es aceptar eso e intentar seguir con su propia vida.

Con mi ayuda, usted puede esperar un futuro más feliz. Puedes escapar. Puedes tener una vida libre de drama y de la influencia tóxica de un narcisista. Usted puede sentir mayor satisfacción y una sensación de seguridad y propósito. Y lo que es más importante, te lo mereces. Los narcisistas son muy buenos jugando con nosotros mismos, manipulando a las personas más amables y empáticas para satisfacer sus propias necesidades egoístas. No tiene que ser víctima de esto, y no tiene que involucrarse en sus juegos.

Siga leyendo para saber cómo.

Capítulo 1 - Descifrando el narcisismo

En este capítulo, comenzamos a desentrañar el narcisismo para descubrir qué es, qué lo causa y cómo detectarlo en otros. También vemos el tipo de gente que tiende a caer presa de las artimañas de un narcisista.

Te daremos algunas pistas que debes tener en cuenta cuando conozcas a alguien por primera vez, y comportamientos extraños que debes tener en cuenta. ¡Comencemos!

Los 7 signos de advertencia del trastorno narcisista de la personalidad

El narcisismo es un trastorno de personalidad reconocido que se cree que afecta a alrededor del 6% de la población, aunque muchos de los que lo padecen pueden no ser diagnosticados. Se caracteriza por un grandioso sentido de sí mismo (a menudo muy inmerecido), una necesidad despiadada de explotar a los demás y un fuerte sentido del derecho. Los narcisistas también son propensos a las rabias narcisistas. Desafortunadamente, ellos mantienen su verdadero ser escondido y también pueden ser extremadamente encantadores cuando lo necesitan.

Una vez que sabes qué buscar, los narcisistas suelen ser fáciles de detectar, y puedes mantenerlos a distancia sin ser arrastrado a su mundo. Pero ¿qué está buscando?

Siga leyendo para ver los 7 signos clave del Trastorno Narcisista de Personalidad si cree que alguien que conoce o a quien estás cerca puede tenerlo. A ver si algo de eso te parece cierto.

1. Tienen un grandioso sentido de sí mismos
El narcisista siempre tiene que ser el mejor: el más guapo, el más exitoso, el más interesante. Si bien esto puede ser encantador o entrañable a corto plazo, rápidamente se convierte en desgaste para los que rodean a esta persona, ya que luchan por que se reconozcan sus propios logros y necesidades.

Los narcisistas creen que son especiales y únicos. Ellos creen que solo deben asociarse con otras personas especiales y que merecen el mejor trato y atención posibles en cualquier situación. Entrenan a otros a creer esto también, para que antes de que te des cuenta, estés bailando alrededor de esta persona y tratándola con excesivo cuidado, a menudo a un costo considerable para tu propio tiempo, bienestar, energía y crecimiento personal.

También exageran y mienten sobre sus logros, y minimizan, ignoran o se niegan a reconocer los de los demás. Cualquier cosa que haya logrado en son u vida, puedes estar seguro de que el narcisista también lo ha hecho, y lo ha hecho mejor.

Comportamiento narcisista clásico:

Tú: Oh, ¿adivina qué? ¡Mi novela está siendo publicada!

Ellos: Eso está bien. Eso me recuerda que voy a escribir una novela. Me encanta escribir, y siempre fui muy buena en inglés. Todos me decían que debía escribir un libro. ¿Quién es su agente, y puede enviarme sus datos? Me gustaría hablar con ellos sobre mi libro planeado.

2. Viven en un mundo de fantasía

En su propio mundo, son exitosos, maravillosos, y están ahí para ser admirados. Si usted apoya y refleja estas creencias en ellos, disfrutará de su aprobación. Sin embargo, si te atreves a desafiarlos en la verdad o en los detalles de sus muchos logros, prepárate para una reacción violenta. Pronto aprenderás a andar con cuidado alrededor del narcisista para evitar cualquier repercusión o **rabia narcisista**, que conoce pocos límites.

Comportamiento narcisista clásico
Si un narcisista visita su casa, espere alimentarlos, atenderlos, y limpiar después de ellos, y posiblemente prestarles dinero, sin ninguna reciprocidad del favor. Si los visita, espere que le den poco de comer y que simplemente los escuche hablar de sí mismos. Después de todo, tiene suerte de estar cerca de ellos.

3. Requieren grandes elogios y una atención total

Si está en compañía de un narcisista, después de un tiempo empezará a notar algo: todo es de una sola dirección. Simplemente está ahí para escucharlos hablar de lo maravillosos, talentosos y especiales que son. Quieren que usted escuche cuántos amigos tienen y qué tan exitosos son en su carrera.

Trata de obtener algo de ellos o pídeles que te reconozcan de alguna manera y prepárate para frustrarte: el narcisista es simplemente incapaz de prestar atención a los demás. Va en contra de su creencia de que ellos son los que deben ser cuidados, deferidos y mimados. Les resulta increíblemente difícil concentrarse en los demás o reconocerlos.

Comportamiento narcisista clásico

Está en una fiesta, celebrando el embarazo de una amiga. El narcisista aprovechará la oportunidad para anunciar sus propios planes para tener un bebé y de alguna manera terminarás bebiendo champán y felicitándolos, mientras ellos se paran en medio del círculo, sonriendo y disfrutando de la atención. Mientras tanto, la amiga embarazada es olvidada.

4. Tienen un sentido extremo del derecho

Por supuesto, todos merecemos ser tratados con respeto y amabilidad, pero un narcisista lleva esto a otro nivel. Puede ser preparado con el tiempo para aceptar sus demandas si las conoce personalmente y acepta que es "tal como son", pero a menudo es asombroso ver su sentido de derecho jugar con otras personas.

A menudo, ver a un narcisista en el mundo es un momento de luz para sus víctimas. Usted también puede ver el comportamiento más apropiado en la forma en que tratan a los demás y se sienten avergonzados por ellos. Usted se sorprendería de su capacidad para hacer las demandas más escandalosas, aparentemente por diversión.

¿Cómo tratan a los camareros, al personal de recepción, a los comerciantes? Pueden ser demasiado amables con aquellos que los tratan con deferencia, pero tenga cuidado si alguien se atreve a ponerlos en su lugar o se niega a ayudarlos con sus demandas, a menudo irrazonables.

Comportamiento narcisista clásico

Está en una ciudad extranjera y busca un banco. El narcisista entra en un hotel cercano y le exige al recepcionista que busque las direcciones de un banco, las anota y luego, como idea de último momento, les da instrucciones detalladas sobre varios museos locales. Si la recepcionista se niega a ayudarlos, se sentirán extremadamente enojados y se volverán groseros y petulantes, y se quejarán amargamente de lo irrazonable que fue la persona.

5. Explotan a los demás sin culpa ni vergüenza

Todos somos culpables a veces de sobrepasar la marca con otros, y para la mayoría de la gente, una vez que nos damos cuenta de esto, nos disculpamos y hacemos las paces. Podemos sentir vergüenza o culpa y jurar aprender de nuestro error y hacerlo mejor la próxima vez.

Pero para el narcisista, no hay sentido de culpa o vergüenza. Solo hay rabia y un sentido de feroz injusticia si se les llama por su comportamiento - después de todo, son *especiales*. Se les permite romper las reglas. A diferencia de la gente normal, el narcisista está constantemente buscando una forma de entrar - y son muy buenos jugando con la cortesía y generosidad natural de la gente para satisfacer sus propias necesidades.

Los narcisistas no ven ningún sentido en ayudar a otros por su propio bien. Lo único que les importa es satisfacer sus propias necesidades, y están preparados para comportarse tan mal como necesitan para que esto suceda. Lo único que puede detenerlos es la preocupación de que vayan demasiado lejos y pierdan el acceso a la persona o cosa que están explotando: entonces, y solo entonces, se retirarán temporalmente para que puedan seguir consumiendo y abusando en el futuro.

Comportamiento narcisista clásico

Un narcisista aceptará su oferta para salir por el día, pero "olvidará" su billetera. Terminará pagando su almuerzo, bebidas y tarifas de entrada. Sin embargo, en el último momento, en una tienda, de repente "encontrarán" su billetera y se comprarán una bolsa nueva con todo el dinero que les ha ahorrado. En el tren de regreso a casa, mencionarán que le devolverán el dinero, pero que nunca volverá a ver ese dinero ni le agradecerán que los haya tratado todo el día.

O digamos que conoce a alguien en una fiesta que es amigo de un amigo. Te llenan de atención y a través de su amigo, rastrean su correo electrónico o número de teléfono. Antes de que se dé cuenta, están de paso por tu ciudad - porque tuviste una gran charla en la fiesta, ¿está bien si se detienen en tu casa, a la hora del almuerzo? Antes de que te des cuenta, les das de comer y los escuchas hablar de sí mismos durante dos horas, les prestas un libro y les ayudas a resolver un problema con su teléfono, todo en tu día libre.

6. Ellos intimidan, menosprecian y humillan

Relación Narcisista

Para controlar a los demás, es necesario que se sientan pequeños y débiles, y nadie lo hace mejor que un narcisista. Son expertos en cazar tus puntos débiles o sensibilidades y luego usar este conocimiento para intimidarte y humillarte cada vez que parezca que te estás adelantando. Para ellos, todo es un juego. Les gusta hacer que otros se sientan pequeños porque los hace sentir poderosos, y les conviene hacer esto a los que están cerca de ellos porque los hace más fáciles de controlar.

Comportamiento narcisista clásico

Está vestido y se siente bien con usted mismo, y el narcisista hará un comentario sarcástico sobre su apariencia, se reirá de usted o simplemente se negará a reconocer el esfuerzo que has hecho. Si pareces demasiado confiado, te harán un comentario desagradable sobre tu cabello o tu ropa para bajarte los humos.

7. No tienen empatía

Esta es quizás la característica más escalofriante de un narcisista, así como su rasgo central. Carecen de empatía básica y simplemente no pueden relacionarse con el dolor de los demás de ninguna manera significativa. Pueden ser capaces de fingirlo, pero en realidad, no sienten nada por el sufrimiento de los demás. Algunos de los narcisistas más malignos (más adelante más información sobre este tema) incluso parecen sentir una extraña alegría al ver sufrir a quienes los rodean.

Comportamiento narcisista clásico

Acaba de romper con su novio. Comparte los detalles con el narcisista y no recibe ninguna simpatía o consuelo a cambio, solo un aburrido comentario sobre cómo la relación se estaba alargando de todos modos y cómo pareces ser siempre tan desafortunado en el amor. Cambian de tema para hablar de lo bien que va su propia relación.

¿Qué causa el narcisismo?

Muchos psicólogos creen que el narcisismo tiene sus raíces en la infancia. A menudo, parece estar relacionado con una combinación de asfixiar a un niño con amor y aprobación, y también de descuidarlos. Los narcisistas pueden haber sido enviados a un internado, por ejemplo, por lo que tienen unas vacaciones de lujo y privilegio entremezcladas con largos períodos de atención institucional en los que se sienten solos y abandonados por sus padres.

Los niños pequeños tienden a ser bastante egoístas y faltos de empatía, ya que son rasgos que disminuyen con la madurez. El narcisista, sin embargo, nunca parece aprender a ser más amable. Es posible que se hayan consentido demasiado cuando eran niños y se les haya permitido escapar con el asesinato, pero también fueron descuidados por sus principales cuidadores, y nunca aprendieron a sentir empatía o pensar en el impacto de su comportamiento en los demás.

A veces les sucede algo que es tan traumático que permanecen atrapados en una forma egoísta e inmadura de tratar con los demás. Adulto, pero comportándose como un bebé. Una vez más, esto puede deberse a que sus cuidadores no les dan las herramientas para tratar bien a los demás.

Como con todos los rasgos de personalidad, es imposible decir cuánto se puede atribuir a las experiencias de la infancia y cuánto es simplemente temperamento y genes. Lo que importa para los que rodean al narcisista es cómo tratar con él o ella, no qué causó que fueran como son.

Es importante recordar, sin embargo, que las raíces del narcisismo en la infancia significan que es un aspecto fundamental de la naturaleza de esta persona, no algo que pueda cambiar, y que de ninguna manera es culpa suya. Te resultará muy difícil, si no imposible, cambiar a un narcisista. Todo lo que puedes hacer es cambiar la forma en que reaccionas ante ellos.

¿Cuándo es narcisismo y cuándo es solo confianza o arrogancia?

Se estima que alrededor del 6% de la población adulta sufre de narcisismo. Pero ¿qué lo hace diferente de la arrogancia que vemos en la cultura popular? ¿Qué distingue al narcisismo de la cultura de la autopromoción y de la autopromoción y de la exhibición que vemos en los medios sociales, por ejemplo?

La diferencia a menudo radica en la autenticidad de esta confianza: si es genuina, tiende a no causar problemas. Pero si esconde a una persona mucho más incierta, puede ser un desastre. Aunque no hay nada malo en demostrar confianza en uno mismo en la vida, aunque a veces se convierta en arrogancia, el narcisismo es algo diferente. Sufren de celos y son "cucharones de balde" crónicos - siempre buscando sumergirse en el balde de autoestima de otra persona en un intento fallido de llenar el suyo propio.

El narcisista carece totalmente de cualquier forma de confianza en sí mismo - en el fondo, son en realidad un niño muy pequeño y asustado. Su grandioso comportamiento es defensivo y una forma de protegerse de más daños. Lo que parece un comportamiento con derecho es en realidad un acto, ocultando a alguien con muy poca autoestima.

Esto no es verdadera autoconfianza, que es un rasgo que generalmente hace que la gente sea más agradable de estar cerca. Usted también puede ser una persona arrogante a veces, pero aun así ser una pareja amorosa, por ejemplo. Un narcisista, por otro lado, tiene un trastorno de personalidad y es difícil, si no imposible, tener una relación saludable y mutuamente satisfactoria con ellos.

4 tipos de narcisistas de los que usted necesita mantenerse alejado

Los narcisistas vienen en diferentes formas, y algunos son más fáciles de detectar que otros. Sin embargo, vale la pena evitarlos todos. Aquí hay cuatro tipos reconocibles y qué buscar en cada uno:

1. Narcisistas abiertos

Hacen la vida (relativamente) fácil en el sentido de que puedes verlos a una milla de distancia. Este es el tipo de personas que se jactan en Twitter de sus últimos logros o mienten sobre el precio de su coche, o sobre cuánto ganan.

Los narcisistas abiertos también son propensos a las explosiones y fusiones públicas, lo que hace que sean fáciles de observar y evitar. Pueden ser muy encantadores y seductores cuando quieren algo, pero una vez que lo tienen, siguen adelante.

2. Narcisistas encubiertos o en el armario

Estos tipos son más difíciles de detectar y mejores para ocultar su verdadera naturaleza. Pueden presentarse como santos, haciendo mucho trabajo por caridad y buenas obras de alto perfil. Sin embargo, rasca esa superficie prístina o consíguela sola y encontrarás un narcisista.

3. Narcisistas tóxicos

El narcisismo, como todos los rasgos de personalidad, existe en un espectro. Un poco es saludable, un poco más molesto, pero mucho - peligroso.

Los narcisistas tóxicos se encuentran en el extremo más extremo del espectro, así que prepárate para el drama si dejas que uno de ellos entre en tu vida. Pueden ser rencorosos, extremadamente desagradables o intimidantes y, en general, hacen que su vida sea extremadamente difícil.

4. Narcisistas psicopáticos

Realmente espero que nunca conozca a uno de estos personajes. Son verdaderamente peligrosos, no muestran empatía ni remordimiento, y buscan activamente imponer el sufrimiento a los demás. Los asesinos y los abusadores peligrosos caen dentro de esta categoría. Disfrutan del sufrimiento de los demás y son como vampiros en su consumo de miseria y dolor.

Los 4 tipos de personas que atraen a los narcisistas

Una cosa que hay que entender sobre los narcisistas es que tienen muy poco sentido de sí mismos. En lugar de desarrollar una autoestima normal y saludable, terminaron siendo adultos sintiendo que ambos eran especiales pero muy incomprendidos, una combinación extraña y no muy feliz.

Lo que les atrae, al igual que a los vampiros, son las personas con un buen sentido de sí mismas y una cierta empatía hacia los demás. Un narcisista querrá beneficiarse tanto de tu amabilidad como también aplastar tu autoestima para que les des más de tu energía. Se alimentan de los buenos sentimientos de los demás porque no tienen nada propio a lo que recurrir.

Uno de los términos que oirás en relación con los narcisistas es "suministro". "Pero ¿qué es? Esencialmente, el **suministro narcisista** es lo que ellos quieren de ti - el suministro para ellos es atención, drama, enfoque, energía. Puede que hayas oído la frase "me estaba chupando la vida". "Esto es lo que se siente al estar con un narcisista durante mucho tiempo - te sientes obligado a darles tanto de ti mismo, mientras que te devuelven muy poco, y terminas sintiéndote agotado.

Aquí están 4 de las características que se encuentran en aquellos que caen presa de los juegos mentales del narcisista. Tenga en cuenta, sin embargo, que usted no tiene que ceder ante ellos. Si aprendes a reconocer a un narcisista, puedes poner buenos límites y protegerte. En los capítulos siguientes, le mostraremos cómo hacerlo.

1. **Alguien exitoso y talentoso**

Aunque nunca logrará que el narcisista lo admita, es posible que se dirijan a usted porque perciben que tiene éxito o talento de alguna manera. Incapaz de lidiar con sus sentimientos de celos, ellos harán un juego para derribarte, humillarte y destruir tu confianza como una forma de sentirse mejor consigo mismo.

¿Esto realmente funciona para ellos? No. Pero recuerda, el narcisista es muy inmaduro. Son como un niño de cuatro años estampando en el castillo de arena de otro niño, que desearían haber construido ellos mismos. Llevar a alguien más puede darle un alivio temporal, pero muy pronto, esos sentimientos de envidia e incompetencia regresarán. Si estás cerca cuando lo hagan, prepárate para ser atacado una vez más. Este es el ciclo del abuso narcisista, y pronto llegarás a reconocer que los días buenos siempre van seguidos de los malos.

Los narcisistas también se sentirán atraídos por las personas exitosas porque sienten que pueden aprovecharse de tus contactos y talentos para beneficiarse a sí mismos - por ejemplo, acudiendo a tus eventos profesionales y usando su conexión contigo para conocer gente y tratar de promover sus propios intereses.

2. **Alguien que hace que el narcisista se sienta bien consigo mismo**

Una vez más, usted encontrará que las personas que se sienten bien consigo mismas tienden a estar dispuestas a prestar esa misma energía a los demás. Así que le hacen cumplidos a la gente o le hacen gestos amables en la creencia de que así es como te comportas en la vida. Desafortunadamente para ellos, el narcisista querrá más y más de estas bondades, hasta que el dador se sienta agotado y agotado por ellos. Los narcisistas son pozos de necesidad sin fondo, y si les das una mano, ellos tomarán un brazo.

Una vez más, no puedo enfatizar lo suficiente lo importante que es no mirar las palabras de alguien - que pueden ser muy encantadoras cuando es necesario - sino cómo te sientes a su alrededor. ¿Te sientes nerviosa? ¿Se siente agotado? Si usted es alguien que tiende a ser amable y dar, tenga en cuenta que a veces, por su propio bien, necesita contenerse.

3. Alguien que los haga lucir bien

No se trata de usted, se trata de ellos. Así que, si tiene algún talento, o eres guapo, o impresionante de alguna manera, puede encontrar a un narcisista uniéndose a usted y alimentándose de su gloria reflejada. Usted puede encontrar la atención halagadora, pero después de un tiempo, usted querrá quitársela de encima. Ahí es cuando te das cuenta de que no es tan sencillo como tratar con una persona normal.

4. Alguien que los consiente y aguanta su comportamiento.

Tenga cuidado de no ser demasiado amable o comprensivo con un narcisista. Si bien las personas normales no aprovecharán su amabilidad, puede estar seguro de que este tipo de personalidad lo hará. Básicamente se alimentarán de su buena voluntad y atención, necesitando más y más. Y si intenta retroceder o establecer algunos límites, prepárese para los problemas.

Así que ahí lo tienes. Con este capítulo, hemos analizado lo que hace que alguien sea un narcisista y qué tipo de gente se siente atraída hacia él. Sigue leyendo para saber qué hacer si acaba de darse cuenta de que tiene un narcisista en su vida.

Capítulo 2 - Mantenerse un paso adelante

Los narcisistas son muy hábiles en la manipulación, por lo que es demasiado fácil pasar por alto las primeras señales de advertencia de que estás en una situación peligrosa con alguien que parece perfectamente normal y encantador.

Sin embargo, con lo que puedes armarte son algunas señales que debes tener en cuenta cuando acabas de conocer a alguien y te preguntas si es "todo en tu cabeza" o no. Los narcisistas no son tan inteligentes como creen, y pronto aprenderás a detectar algunos rasgos y señales comunes.

En este capítulo, también veremos algunas de las tácticas utilizadas por los narcisistas para manipularte, y algunas de las frases comunes que probablemente oirás de este tipo de personalidad.

Finalmente, veremos la rabia narcisista y sus desencadenantes. Esta es una sección importante para leer ya que, si no la has experimentado antes, una rabia narcisista puede llegar a ser un gran shock. Te quedarás preguntándote qué has hecho mal y cómo puedes arreglarlo.

11 maneras de saber que tiene una relación con un narcisista

1. Parecen absolutamente encantadores al principio.
Ya sabe lo que dicen de algo o alguien que parece demasiado bueno para ser verdad. Normalmente lo son. Si alguien es tan dulce,

agradable y está tan encantado con todo lo que dices y haces, debería hacerte sentir un poco.... cauteloso. Nadie es tan amable, ¿verdad? ¿Cuándo va a cambiar esto?

Confíe en sus instintos. Esto no puede ser lo suficientemente estresado. Es posible que esté siendo preso de los **bombardeos amorosos**, que es exactamente lo que parece: estar absolutamente asfixiado por el amor y la admiración.

No solo mire lo que alguien dice o hace. Mírelo a los ojos: ¿su expresión coincide con sus palabras? Los narcisistas pueden ser increíblemente dulces y encantadores, pero no pueden ocultar sus ojos fríos. Entonces, si siente que las palabras y la expresión de alguien no se están sumando, no le crea.

Los narcisistas no quieren las mismas cosas de una relación que la gente común. Mientras usted o yo buscamos compañía, conversación, apoyo y risas compartidas, un narcisista se enfoca solo en lo que puede obtener de usted - sea esa atención, gloria, tiempo, energía, dinero y estatus.

Tienden a ver a los demás solo en términos de lo que pueden hacer por el narcisista, no como alguien que comparte una relación de apoyo mutuo. Así que cuando alguien parece decidido a ganarte, a estar bombardeándote con textos y declaraciones de afecto, da un paso atrás. Disfrute de la atención, por supuesto, pero tómelo con un grano de sal. El tiempo lo dirá.

2. Son increíblemente egoístas
Este es un rasgo compartido por todos los narcisistas, y uno que se manifiesta en grandes y pequeñas maneras. Fíjese cómo es estar con

ellos - ¿es usted el que está escuchando, o ellos escuchan de nuevo (y con eso quiero decir, escuchando activamente, reflejando lo que usted dice y pareciendo genuinamente involucrarse con usted como persona)?

¿Terminas dando más: más dinero, más trabajo, más energía emocional? Cuando te alejas de ellos, ¿te sientes inspirado y animado, o simplemente agotado? Un narcisista puede ser encantador y divertido, pero también tiene una manera de tomar todo el oxígeno disponible en una habitación, de hacer todo sobre ellos. Es posible que no lo note de inmediato, especialmente si es alguien a quien le gusta dar, pero simplemente comienza a notarlo y puede ver emerger un patrón de comportamiento egoísta.

Otro punto aquí: mire cómo se comportan cuando no hay nadie cerca. Pueden ser buenos en los grandes gestos cuando tienen público, pero ¿cómo lo tratan de la misma manera cuando están los dos solos?

3. Se preocupan más por la imagen de su relación que por la realidad.

Una vez más, se trata de la obsesión del narcisista por las apariencias. Los narcisistas tienden a ser a la vez reservados y obsesionados con su imagen pública. Puede que hayas estado discutiendo con ellos esa mañana, pero aun así publicarán una foto de ustedes dos en sus cuentas de medios sociales y presentarán una imagen perfecta de su relación con los demás.

Con la mayoría de la gente, la vida es de tonos grises. Pero con este tipo de personalidad, su necesidad de ser el mejor, el más popular, exitoso y atractivo triunfa sobre su necesidad de cualquier tipo de autenticidad. Una de las cosas que sorprenden a las personas en una relación con un narcisista es que cuando hablan con los demás sobre lo mal que va la relación, a menudo se encuentran con sorpresa.

"¡Pero ella siempre habla tan bien de ti!" es una respuesta común. Esto se debe a que los narcisistas quieren dar la impresión de que se llevan bien con todos y de que comparten una intimidad maravillosa con los demás. Además de querer preservar su imagen de sí mismos como una persona maravillosa y popular, esto también significa que los demás no le creen cuando diga que la relación no es tan maravillosa como parece. Así que terminaría sintiéndose aislado y confundido, ¿estás imaginando cosas? (La respuesta es no.)

4. Son críticos con todo lo que haces

A un narcisista le gusta controlar a los demás para sentirse más seguro de sí mismo, y una forma de hacerlo es criticar y encontrar fallas en todo lo que haces. El resultado es que te sientes nervioso, como si estuvieras caminando sobre cáscaras de huevo, tonificándote para evitar más comentarios negativos.

Tenga cuidado con esos pequeños comentarios sobre lo que lleva puesto, su cabello, sus opciones de carrera y pequeñas decisiones diarias: pueden parecer inofensivas por sí solas, pero pueden empezar a sumar y desgastar su autoestima, lo que hace que el narcisista sea mucho más poderoso que usted

Si está en una relación romántica, mire cómo alguien se siente al principio de su relación - ¿encontraron maravilloso todo lo que hiciste? Si eso empieza a cambiar, puedes dudar de ti mismo. ¿Qué estás haciendo mal? ¿Cómo puedes arreglarlo, para que vuelva a ser como al principio?

¡Deje de pensar así! El problema no es usted.

5. No puede discutir con ellos.

Con las personas normales, discutir puede no ser agradable, pero con un poco de toma y daca, puedes aceptar estar en desacuerdo o pasar a otros temas.

¡No es así con un narcisista! Simplemente son incapaces de comprometerse o de reconocer que están equivocados. Lograr que se echen para atrás es aún más difícil, y nunca, jamás se disculpan. ¿Por qué lo harían? Hacer eso sería admitir que no son perfectos, y para el narcisista eso es imposible de contemplar.

6. Si no está de acuerdo, usted es el problema.

Parte de la incapacidad del narcisista para admitir que ha cruzado una línea o que ha hecho algo malo (lo cual hacen con frecuencia) es que, si no está de acuerdo con ellos, no solo se encontrará con una negativa categórica a reconocer su error. En vez de eso, se encontrará en el mal camino y será atacado. Aquí hay un ejemplo:

Usted: Realmente sentí cuando salimos esta noche que fuiste muy grosero conmigo delante de mis amigos, y eso me hizo sentir mal.

El Narcisista: No sé de qué estás hablando. Eso no es verdad. ¿Por qué estás así todo el tiempo, tan enfadado e hipersensible?

¿Ve la diferencia? Una persona normal escucharía, reflexionaría sobre su comportamiento y se disculparía. Un narcisista no solo rechazará lo que estás diciendo, sino que irá más allá y se dará cuenta de que eres tú el que tiene problemas emocionales.

7. No tienen ningún amigo cercano.

Un narcisista puede tener muchas personas a su alrededor que los admiran, bromean con ellos en los medios de comunicación social y como sus numerosas selecciones en Instagram. ¿Pero tienen viejos amigos de la escuela? ¿Personas que han estado en su vida durante mucho tiempo? ¿O es todo superficial?

Los narcisistas tienden a quemar muchos puentes, así que si conoces a alguien y parece que no tiene amigos, toma nota. Puede ser que traten tan mal a todos que no puedan mantener relaciones largas.

8. Todos sus ex están locos
Como regla general, si oyes esto, corre una milla. A menudo, el ex puede haber sido un poco loco por el comportamiento del narcisista, pero desde entonces se ha recuperado y ha seguido adelante. Si alguien parece obsesionado con hablar de su ex y su locura, es una gran alarma roja, y usted debe escuchar. O serás el próximo loco.

También tenga cuidado con la persona que pone toda la culpa en una relación fallida con el ex. Por lo general, una relación fracasa debido a problemas o diferencias compartidos. Es raro que una persona sea mala y que la otra sea inocente. Si así es como un ex está siendo presentado, usted puede estar en presencia de un narcisista.

9. De repente son más agradables cuando se aleja

Los narcisistas son vampiros emocionales. No les importas como persona, pero sí les importa mucho tener acceso a tu tiempo, dinero, presencia y energía.

Si alguien lo trata mal o de repente muestra su verdadero yo, es natural que te alejes. La otra parte puede notar y disculparse, tal vez, y ambos seguirán adelante. Con un narcisista, sin embargo, son incapaces de disculparse y reflexionar.

Lo que harán, sin embargo, es atraerlo de vuelta con amabilidad, atención extra y encanto. Usted sabrá en el fondo que está siendo engañado, pero también acogerá con agrado el comportamiento más razonable, se sentirá aliviado y tratará de superarlo. Y así el ciclo comenzará de nuevo.

10. Discutirán cuando los dejes.
Las relaciones terminan, y a veces es difícil salir en buenos términos. Pero si una relación ha seguido su curso, se puede hacer, particularmente si ambas partes están comprometidas a ser amables y a seguir adelante con sus propias vidas. Sin embargo, trate de alejarse de un narcisista y esté preparado para mucha resistencia.

Es posible que se vea bombardeado con llamadas telefónicas, mensajes de texto e incluso que aparezcan en la puerta de su casa. También enviarán "monos voladores", es decir, gente que cree en la versión narcisista de los hechos y que será convencida por el narcisista para que te llame y te provoque sentimientos de culpabilidad y la obligación de darle otra oportunidad al narcisista. Incluso si ya no quieren estar contigo, te mantendrán colgado porque no quieren verte con nadie más.

A veces la gente decide que es más fácil rendirse por el bien de una vida pacífica - particularmente si otras personas están siendo atraídas por el drama - y así el ciclo comienza de nuevo. Una vez que los haya devuelto, puede estar seguro de que el ciclo de indiferencia y maldad comenzará nuevamente. Pronto, probablemente te encuentres castigado en algún momento por intentar liberarte.

11. Se sientes mal con usted mismo cuando está cerca de ellos.
Se ha dicho que puede que olvide lo que alguien te dijo, pero nunca olvidará cómo lo hicieron sentir. Si alguien lo hace sentir exhausto, agotado, irritable, deprimido o inseguro, tome nota. Estos nunca son buenos signos en una relación.

Un narcisista genuino también puede hacer que te sientas asustado - en su lenguaje corporal y en la energía que están emitiendo. Mientras que sus palabras pueden estar transmitiendo una cosa, su presencia física y sus ojos pueden estar diciendo algo muy diferente.

Siempre vale la pena escuchar su instinto en estas situaciones y tomar nota de sus reacciones corporales, así como de sus pensamientos más lógicos: son igualmente importantes y, a menudo, su instinto es perfecto.

Si nota que se siente ansioso o con los nervios de punta alrededor de alguien, puede que no sea un narcisista, pero aun así necesitas reconocer esos sentimientos y establecer los límites apropiados, incluso desconectarte con elegancia. Usted no necesita tener un gran enfrentamiento - a veces, simplemente bajar el volumen de una relación es todo lo que necesita hacer para protegerse.

Tácticas de manipulación peligrosas utilizadas por narcisistas

Relación Narcisista

Los narcisistas tienen una serie de tácticas que utilizan regularmente para atraerte a su mundo y mantenerte allí. Lo que es diferente de las relaciones ordinarias es que siempre hay un elemento de control con un narcisista.

Mientras que en una relación típica hay concesiones mutuas, y una construcción gradual de intimidad y confianza, con un narcisista todo se desarrolla de una manera que te deja emocionalmente vulnerable, debilitado y en una verdadera desventaja. Busque estas tácticas en su relación y vea si nota algo familiar - si lo hace, es posible que necesite salir de su situación actual.

1. **Refuerzo intermitente**

Esto es cuando alguien lo trata bien, pero solo *a veces*. Usted puede tolerar todo tipo de comportamiento desaliñado -llegar tarde, mostrar poco interés en su vida, comentarios sarcásticos e intimidación- y luego, de vez en cuando, le sorprende lo amable, cariñoso y comprensivo que puede ser.

Esto tiene un efecto notable en su estado mental. Se sentirá silenciosamente socavado por ellos, por sus comentarios y su comportamiento. Comenzará a cuestionar cada uno de sus movimientos y a caminar sobre cáscaras de huevo alrededor de ellos para evitar más críticas. Usted puede incluso encontrarse constantemente pensando en maneras de complacerlos.

Sin embargo, después de un tiempo, es posible que de repente sienta que ya ha tenido suficiente. Nada de lo que haces parece complacerles. Usted pasa tiempo con otras personas y se da cuenta de lo extraño que es su comportamiento en comparación. Empiezas a preguntarte si tal vez sería mejor que te distanciaras un poco.

¡Bingo! En este punto, **el refuerzo intermitente se** activará. De repente le sorprenderá lo comprensivos, receptivos e increíblemente agradables que son. Justo cuando empiezas a relajarte y a pensar, *wow, son realmente adorables*, el mal comportamiento comenzará de nuevo. Esta es una herramienta muy inteligente, porque la gente está naturalmente conectada para volver por más cuando alguien la deja colgada.

Tratarlos mal, mantenerlos entusiasmados, desafortunadamente, funciona para muchos de nosotros. Otra palabra para esta táctica es **aspirar** - una vez que sepan que han ido demasiado lejos, empezarán a tratar de aspirarte de nuevo bajo su pulgar con una amabilidad inesperada y una charla dulce.

Pero esta no es manera de vivir y tiene un gran costo emocional. Si alguien es amable contigo, pero solo *a veces*, toma nota. No es un comportamiento saludable o normal, y te mereces mucho más. En las relaciones genuinas, las personas se tratan bien. Si no lo hacen, por alguna razón, lo reconocen y se disculpan. Si se encuentra siendo tratado mal por las personas cercanas a usted, hay un gran problema.

2. Luz de gas (Gaslighting)

Este término *gaslighting* deriva de la película de 1944, *Gaslight*. En ella, el marido abusivo manipula ingeniosamente a su esposa para que crea que se está volviendo loca al cambiar su entorno de todo tipo de maneras sutiles. En su casa, las luces de gas se oscurecen sin razón aparente, las cosas desaparecen, los cuadros desaparecen de las paredes. Nunca sabe si las cosas están cambiando a su alrededor o si todo está en su cabeza. Los narcisistas **gasean a** los que les rodean regularmente de todo tipo de maneras.

Los encendedores de gas te hacen dudar de tu propia cordura y te mantienen en un terreno inestable al decir mentiras descaradas que luego niegan, haciendo ver que tú eres el loco. Algunos ejemplos de iluminación de gas en una relación moderna podrían ser:

Ejemplo uno:

Su encendedor de gas le dice algo desagradable sobre usted - por ejemplo, que una vez le diste una bofetada en la cara - y cuando dices, *no, nunca hice eso*, dicen - *pero lo hiciste!*

Se pregunta si simplemente lo ha olvidado, o si realmente le dio una bofetada en la cara. Sabe que no está en su naturaleza golpear a alguien, pero parece tan seguro de que es verdad. ¿Quién tiene razón?

Ejemplo dos:

Su encendedor de gasolina dice que lo llevará a almorzar el fin de semana. Cuando lo menciona para acordar una hora, él dice, *no, nunca estuve de acuerdo con eso. Estoy ocupado todo el fin de semana.*

No quiere presionarlo, porque sabe lo molesto que puede llegar a estar si lo desafían, pero al mismo tiempo, lo esperabas con ansias. Y seguramente, si lo ofrecía, lo recordaría. En última instancia, es más fácil dejarlo ir, pero te deja sintiéndote extrañamente maltratado.

Ejemplo tres:

La iluminación a gas también puede tener lugar alrededor de los límites. Digamos que tu amigo te pregunta si puede quedarse contigo una semana. Cuando después de dos semanas no muestran signos de irse y usted los presiona para una fecha final definitiva, se ponen furiosos sobre lo irrazonable y poco acogedor que está siendo.

Te preguntas si estás siendo irrazonable. Después de todo, dijeron que solo vendrían por una semana, y ahora ya han pasado dos. ¿Seguro que es razonable preguntar eso? Pero parecen tan enfadados, así que tal vez sea grosero de tu parte. Tal vez estás siendo egoísta, como dicen. No, no lo es, y no lo eres. Te estás quedando sin aliento.

Es importante señalar aquí que la gente puede olvidar lo que dijo o ser vaga por otras razones perfectamente inofensivas. Pero ten cuidado si empiezas a notar un patrón - lo que se dice parece cambiar constantemente, o no recuerdas haber dicho o hecho ciertas cosas de las que te acusan, o sientes como si te estuvieran manipulando de alguna manera.

Gaslighting es increíblemente difícil de decir porque es el trabajo de la gente que se propone engañarte deliberadamente, no el trabajo de seres humanos justos y razonables. En realidad, lo mejor que puedes hacer si te das cuenta de que la luz de gas es irte - nunca ganarás con alguien que se niega a jugar limpio.

3. Proyección

Cualquier cosa que a un narcisista no le guste de sí mismo, se proyectará en usted y en los demás. Así que mientras que los narcisistas son algunas de las personas más egoístas que puedas conocer, también son los primeros en acusar a otros de ser egoístas. Pueden ser personas en su círculo, o pueden ser políticos o figuras públicas.

Por ejemplo, una mujer narcisista puede hacer comentarios frecuentes acerca de que "todos los hombres son un poco estúpidos", pero es la primera en gritar sexismo si un hombre no los llena de admiración y atención indivisa.

También lo acusarán de ser un mentiroso si los llama por sus propias mentiras. Nunca jamás oirá una admisión de culpabilidad. Todo lo que oirá es una negación categórica, seguida de una declaración de que los está atacando injustamente con *tus* mentiras.

Los narcisistas no pueden reflexionar sobre su comportamiento y admitir que están equivocados. Mucho más fácil echarte la culpa y la vergüenza de asistir, y verse a sí mismos como la parte herida.

4. Conversaciones sin sentido

Con la mayoría de las personas, si usted tiene un asunto que le gustaría discutir con ellos -quizás para tratarle a usted o a su relación- usted esperaría que ellos lo escucharan, reflexionaran y respondieran apropiadamente. ¡No así el narcisista! (¿Ve ya un patrón?)

Una de sus tácticas más exasperantes es bañarte con **ensalada de palabras** cuando intentas conversar con ellos sobre algún aspecto de su comportamiento que te resulta difícil. Prepárese para ser bombardeado con observaciones extrañas, anécdotas no relacionadas y oraciones extrañamente redactadas que no tienen mucho sentido. Dejará la conversación pensando: "¿Qué acaba de pasar?" mientras el narcisista sigue su camino alegre, sabiendo muy bien lo que ha hecho.

Si los confronta, se encontrará con una negación rotunda. Y, muy probablemente, otro generoso servicio de ensalada de palabras. Entonces, realmente, no tiene sentido entrar en ningún tipo de desacuerdo con un narcisista. Es como tratar de discutir con un niño pequeño: no llegas a ninguna parte.

Otra cosa para tener en cuenta aquí es que los narcisistas disfrutan de la confrontación y la discusión. Los dispara para ganar y dejar que te sientas como el malo. Entonces, lo mejor que puede hacer es evitar discutir con ellos, y más adelante, aprenderemos algunas tácticas para hacerlo.

5. Amenazas vagas o abiertas

Los narcisistas tienden a ser posesivos y celosos, pero no siempre salen y admiten que se sienten así. En lugar de eso, usted recibirá una vaga sensación de malestar si hace algo que ellos no aprueban: enfurruñarse, un tono de enojo o una rabieta acompañada de amenazas.

Cosas que usted esperaría que sus amigos celebren - un nuevo trabajo, algunas noticias personales emocionantes - los dejarán sintiéndose inadecuados y abandonados. No les gusta el éxito de los demás, ya que atrae la atención de los demás, por lo que encontrarán todo tipo de formas de hacer estallar el globo.

Si siente que tiene que caminar sobre cáscaras de huevo alrededor de alguien por miedo a su enojo, o si deja de hacer cosas que normalmente disfrutaría, como salir con sus amigos porque le preocupa que pueda meterse en problemas, tome Nota. Este no es un comportamiento normal o justo, y refleja el deseo infantil del narcisista de que siempre te concentres en ellos, y no en otras cosas o personas que te hagan feliz.

Sí, es una pena que reaccionen tan mal, especialmente si el narcisista es un miembro de la familia, por ejemplo. Pero no cambiarán, así que lo mejor que puedes hacer es compartir tus buenas noticias solo con aquellos que sabes que querrán celebrar contigo. Ignora cualquier amenaza y grita cualquier enfurruñamiento - no necesitas aguantarlo.

6. Cautivar, avergonzar, insultar y maldecir

Todas estas tácticas son utilizadas por los narcisistas, a menudo de maneras sutiles que te dejan preguntándote si eres hipersensible o simplemente imaginando cosas. A los narcisistas les encanta **acosar**, lo que significa decir algo con la intención de golpear tus puntos débiles o provocar ira. Muerdes el anzuelo, y de repente estás siendo difícil y creando un drama de la nada.

Mientras que la mayoría de las personas, incluso si conocen tus puntos débiles (y todos los tenemos) se cuidan de pisarlos con cuidado, los narcisistas son todo lo contrario. Ellos aprenderán las cosas sobre las que usted se siente sensible y tendrán gran placer en hacer que usted se sienta peor acerca de ellas, todo para hacerse sentir más poderoso.

Insultar y **avergonzar** son el mismo tipo de tácticas - un narcisista descubrirá hábilmente tus puntos débiles o las cosas de las que te sientes cohibido, y luego usará este conocimiento para insultarte y avergonzarte más tarde. A menudo, esto puede ser en forma de chistes, de modo que, si usted se atreve a quejarse, se le dirá que no tiene sentido del humor, lo que añade un insulto a la lesión.

5 cosas que a todo narcisista le gusta decir

Los narcisistas tienen un libro de jugadas muy predecible, y debido a que sus tácticas son tan similares, a menudo aquí las mismas declaraciones de ellos una y otra vez.

1. **"Eso no sucedió" y "Te lo estás imaginando"**

Ambas son declaraciones clásicas de los narcisistas que sustentan gran parte de su iluminación de gas, como describí anteriormente. Si cuestiona algo que el narcisista ha dicho o hecho en el pasado, quizás a la luz de nueva información y porque contradice lo que está diciendo ahora, simplemente lo negarán. La negación es una de sus primeras defensas porque, a diferencia de la gente normal, no tienen reparos en mentir abiertamente para salvar su propio pellejo.

Si usted puede probar sin duda alguna que ellos hicieron algo, su defensa final será que usted se lo merecía, a menudo por razones espurias o no relacionadas (recuerde que ellos también usan **ensalada de palabras**).

2. **"Estás loco"**

Debido a que los narcisistas son incapaces de aceptar sus fallas y vulnerabilidades ordinarias, prepárate para que te digan que estás loco si te atreves a cuestionar su versión de los hechos. Puede que no lo digan directamente, pero es posible que te recuerden esa época en la que estabas muy deprimido, o que se refieran en términos generales a personas que están locas, pero de una manera que te hace sospechar que se están refiriendo a ti en particular.

3. "Eres hipersensible"

Si un narcisista va demasiado lejos en lo que dice o en cómo te trata, nunca esperes que se disculpe. Ellos son, a sus ojos, incapaces de equivocarse, por lo que una disculpa está por debajo de ellos.

Lo que oirá, sin embargo, es que eres demasiado sensible. O irrazonable. O que siempre has sido un poco frágil. O de nuevo, mencionarán algún otro momento en que usted mostró vulnerabilidad emocional, como una forma de recordarle que usted no es tan fuerte o capaz como ellos (aunque, por supuesto, mostrar vulnerabilidad no es débil, es un comportamiento humano normal).

4. "¡Era solo una broma! Estoy *bromeando.*"

Además de ser hipersensible, si te ofendes con una de las crueles púas del narcisista, prepárate para descubrir que no tienes "sentido del humor" o que "no puedes aceptar una broma".

Por supuesto, usted podría tomar represalias señalando que lo que dijeron no era realmente gracioso, era simplemente desagradable, intimidatorio o simplemente grosero, pero si lo hace, prepárese para un comportamiento más defensivo.

5. "En mi experiencia..."

O variaciones de lo anterior, pero esencialmente, si habla de algo que está sucediendo en su vida, tal vez un éxito profesional o una anécdota, el narcisista siempre podrá superarlo.

Si usted escribió un libro, ellos escribieron un best-sellers. Si usted tuvo un bebé, ellos tuvieron cinco. Esto se aplica no solo a los logros, sino también al drama. Si le robaron el bolso, ellos se enfrentaron a un ladrón de bancos y le salvaron la vida a alguien. Lo que está sucediendo aquí es que el narcisista es incapaz de soportar la atención que se desvía de ellos - quieren estar centrados en todo momento, quieren ser mejores, quieren ser el héroe en cada historia.

Es posible que no se dé cuenta al principio, por lo que habla un poco sobre usted y hace las preguntas correctas y escucha. Pero pronto aprenderá a guardar silencio sobre sus propios logros porque si habla, se le pondrá en su lugar con un monólogo de diez minutos sobre cómo lo hicieron mejor. Se hace más fácil quedarse callado y ahorrarse el aburrimiento de escuchar su jactancia (de nuevo).

5 desencadenantes de la furia narcisista

Entonces, ¿qué es la rabia narcisista? Piensa en ello como la versión adulta y mucho más aterradora de la rabieta de un niño pequeño. Aunque la mayoría de nosotros nos enojamos de vez en cuando, por lo general somos capaces de calmarnos, calmarnos y tomar medidas para manejar nuestro enojo sin atacar a otros o hacer daño permanente a nuestras relaciones.

La rabia de un narcisista, sin embargo, es algo completamente distinto. Estas personalidades simplemente detestan ser regañadas o desafiadas. Ser confrontado o desencadenado por sus defectos no es agradable para nadie, pero es insoportable para ellos, y te encontrarás con una furia tan furiosa que puedes sentirte agredido físicamente. Lo ideal, según el narcisista, es que aprendas la lección y no la vuelvas a hacer.

O se encontrará con un silencio helado y un tranquilo y pasivo humo agresivo. Lo que no obtendrá es una explicación clara de lo que está sucediendo o un camino a seguir.

Entonces, ¿qué es lo que incita a la rabia narcisista? Esencialmente, cualquier cosa que amenace su visión de sí mismos como seres humanos perfectos, exitosos y extraordinariamente especiales.

Aquí hay algunas maneras seguras de averiguar cuán enojado se puede enojar un narcisista:

1. Los confrontas por su comportamiento

Si llama a un narcisista por su comportamiento, prepárese para sufrir. Incluso si da a conocer sus sentimientos de una manera constructiva y diplomática, has roto la regla tácita de que el narcisista nunca se equivoca.

Esté preparado para la negación, la rabia, la proyección y la culpa, pero tenga la seguridad de que nunca verá ninguna forma de reconocimiento de que usted tiene un punto, y tal vez la próxima vez podrían hacer las cosas de manera diferente. Si realmente tienes razón y no tienen una defensa razonable para su comportamiento, su táctica final es derrumbarse en un montón y llorar, para que te veas (y te sientas) como el malo.

2. Los ignoras

Relación Narcisista

Si se da cuenta de que está en una relación con un narcisista y decide, por su propia salud mental, retroceder o quitarles algo de espacio, prepárese para ser desafiado. Por encima de todo, los narcisistas odian ser ignorados, y si pones límites razonables alrededor de su acceso a ti, espera que sean pisoteados.

A menudo, esto puede ser con alguien, tal vez un miembro de la familia o una pareja romántica deslucida, que típicamente muestra poco interés en su vida, no hace ningún esfuerzo por estar cerca de usted, y hace comentarios desagradables o críticas a sus elecciones de vida.

Pero si se retira o empieza a evitarlos, eso cambiará. Espere ser bombardeado con llamadas telefónicas, correos electrónicos e incluso visitas no anunciadas a su casa. Esto se debe a que nunca se le permite tomar las decisiones con un narcisista, y siempre debe hacer de ellos el centro de atención.

Y aunque no les gusta estar rodeados de gente en el sentido normal, también necesitan que les des un **suministro narcisista**, que, como ya hemos comentado, es esencialmente tu atención y energía. Si intentas quitárselos, responden como adictos que se ven privados de lo que necesitan. Eventualmente, se darán por vencidos y pasarán a otra persona. Pero antes de que eso ocurra, ¡prepárate para una pelea!

3. Se ríe de ellos

Una cosa que los narcisistas valoran por encima de todo es su imagen pública como alguien especial, inteligente y de alto estatus. Mientras que la mayoría de la gente es capaz de despreciarse a sí misma o de reírse de sí misma de vez en cuando, esto es imposible para un narcisista. Esto se debe a que toca su profunda vergüenza e inseguridad oculta como alguien que es ordinario, a veces asustado, y no particularmente especial o talentoso. Ríete de ellos y prepárate para enfrentarte con una fría furia.

4. No reciben un trato especial

Los narcisistas a menudo tienen a la gente a su alrededor muy bien entrenada para tratarlos como si fueran especiales y únicos. Pero a menudo, cuando se enfrentan a extraños, las cosas no salen como les gustaría. Pueden exigir un trato especial al personal de la tienda o sentarse en primera clase cuando tienen un billete de tercera clase.

Cuando esto sucede, el desconocido desprevenido pronto descubrirá cuán "especial" es el narcisista y se encontrará en el lado receptor del abuso verbal o simplemente más demandas de atención que el narcisista realmente necesita o quiere - solo quiere hacer que esa persona le preste atención. Son el tipo de personas que hacen quejas incoherentes a los departamentos de servicio al cliente, a las empresas de mala fama con revisiones injustas y que se quejan de un servicio al cliente deficiente en lugar de encogerse de hombros y llevar su negocio a otra parte.

En las relaciones personales, también puedes esperar ver rabia narcisista si te retiras o te niegas a prestar atención especial al narcisista.

5. Usted es el centro de atención

Relación Narcisista

Digamos que es su cumpleaños y quiere celebrarlo con una comida o un pastel de cumpleaños. Mientras que la mayoría de la gente está feliz de dejar que la niña o el niño del cumpleaños sea el centro de atención por un día, los narcisistas encuentran esto insoportable. Prepárese para demandas adicionales, enfurruñarse, una rabieta inexplicable o comentarios sarcásticos - porque, por supuesto, todo se trata de ellos.

Otra característica extraña y notable de los narcisistas es que generalmente son muy malos dadores de regalos. Salir, elegir algo que a alguien le encantaría, envolverlo y presentárselo no es algo que los narcisistas vean como algo que valga la pena hacer. Por supuesto, esto por sí solo no significa que alguien sea un narcisista, pero es un rasgo bastante común que vale la pena mencionar.

¿Cuál es el impacto del narcisista en usted?

Esta es una pregunta interesante que vale la pena hacerse. Seguramente, la gente puede ser difícil. ¿Vale la pena interrumpir un matrimonio o una relación romántica o cortar el contacto regular con uno de los padres porque es un narcisista? ¿No es mejor, por el bien de la paz, simplemente soportarlos? Romper familias, dejar atrás a los padres, dejar a tu novio o novia - todas estas son grandes decisiones que hay que tomar con consecuencias que cambian la vida.

¿Es mejor que se quede quieto y se calle?

La respuesta es no. La respuesta es no. El narcisista siempre hará que crea que debe soportarlo, que en realidad no lo dicen en serio, que las cosas serán diferentes en el futuro. Pero no lo harán.

Relación Narcisista

Y cada vez que lo soporta, cada vez que se muerde la lengua y trata de superar los sentimientos de dolor y decepción por una vida más fácil, está haciendo dos cosas:

Está afectando su futuro: su felicidad futura, sus metas y aspiraciones futuras, sus hijos y nietos. Cada vez que permite que el narcisista lo golpee con palabras desagradables y abusos, dejas que él o ella le roben una vida más feliz, más pacífica y productiva.

También está afectando su propia salud y bienestar en este momento. Por supuesto, solo quiere que el comportamiento se detenga, que las cosas vuelvan a la normalidad. La manera más fácil de lograrlo es dejar que gane el narcisista. Pero juega el juego largo. Usted no puede ver el impacto del estrés y el abuso a largo plazo y de bajo nivel en su salud mental, pero asegúrese de que está teniendo un impacto. Tienes la opción de cambiar las cosas. Y te mereces algo mucho mejor.

Siga leyendo para descubrir cómo puede elegir mejor para usted.

Capítulo 3 - Cuando es suficiente es suficiente

Así que, si ha leído hasta aquí, puede que se haya dado cuenta de que tiene un narcisista en su vida. La pregunta para usted ahora es, ¿qué va a hacer al respecto?

Puede que no sea práctico romper completamente los lazos con ellos -quizás usted trabaja con ellos, o son un miembro de la familia y la caída será demasiado grande si usted los corta completamente- pero lo que necesita hacer ahora es poner el pie en el suelo. Necesita cambiar la forma en que trata con ellos y prepararse para el retroceso. Necesitas algunas estrategias a tu alcance, y necesitas creer en ti mismo lo suficiente para llevarlas a cabo. Sobre todo, necesitas curarte, practicar el autocuidado y asegurarte de que pones buenos límites para que estés a salvo de cualquier daño en el futuro.

También aprenderá sobre el contrato de conexión y cómo éste puede ayudarle a satisfacer sus propias necesidades. Es posible que descubras, en última instancia, que éste es el primer paso para liberarte completamente de un narcisista.

Sigue leyendo para descubrir cómo tratar con un narcisista y protegerte mientras aún están en su vida.

5 consejos esenciales para tratar con un narcisista de la manera correcta

Antes de ir mucho más lejos, vale la pena aprender los cinco consejos esenciales que puedes tener en cuenta al tratar con narcisistas. Recuerde, usted está tratando con alguien que no tiene una personalidad ordinaria. No siguen las reglas normales de la interacción humana, por lo que también hay que tratarlos de manera diferente. Lo más importante es que usted necesita protegerse a sí mismo del daño a medida que se pone a separarse. Aquí está el cómo:

1. **Manténgase callado y siga adelante**

Si está trabajando con un narcisista, por ejemplo, puede sentir que es el único que notó cuán superficial es realmente su encanto. Incluso puede ser tentador confrontarlos o expulsarlos a otros.

No lo haga. Espere su tiempo, mantenga la guardia alrededor de ellos, no comparta ningún secreto y permanezca agradable y solo un poco distante. Con el tiempo, la máscara del narcisista comienza a resbalar y ellos se revelarán a los demás. En este punto, usted puede observar desde una distancia segura. Pero no puedes forzar este proceso sin ponerte en peligro.

Si intenta hacer que esto suceda más rápido, corre el riesgo de incitar su ira narcisista y hacer que se vuelvan contra usted, y desea evitarlo a toda costa para su propio bienestar.

Recuerde, los narcisistas no juegan limpio, y odian ser confrontados con sus propios defectos. Es un juego que no ganarás a menos que te rebajes a su nivel, y quién quiere hacerlo, así que simplemente te niegas a jugar. Estarás en camino a escapar, y mientras más tiempo el narcisista permanezca inconsciente de tus planes, más suave será tu salida. Manténgase callado, elabore su plan de escape y trabaje en su propio bienestar - que cubriremos en capítulos futuros.

2. Desconéctese

En última instancia, lo que un narcisista quiere es atención. Como un niño pequeño, si no están recibiendo atención positiva, pronto pasarán a comportarse mal. Sin embargo, si usted se niega sistemáticamente a participar en sus juegos, ellos simplemente pasarán a otra persona que esté más dispuesta a morder el anzuelo.

Si ve a un narcisista, tome las cosas con calma y, si se demuestra que tiene razón, sea lo más aburrido posible cuando hable con él. Esta es una excelente manera de protegerse y, con suerte, ver su parte posterior también.

En algunas situaciones, puede que no quieras ser aburrido. Por ejemplo, en tu vida profesional, puedes querer brillar y si tu narcisista está en el mismo campo, es posible que tengas que lidiar con algunos celos. Simplemente concéntrese en hacer su propio trabajo lo mejor que pueda, nunca muerda, y sea educado y profesional en todo momento.

En las relaciones personales, empiece a retroceder un poco, gradualmente. Deje de morder el anzuelo en las discusiones, deje de esperar que cambien, mantenga conversaciones livianas.

3. Trabaje sus límites y déjelos claros

Esto es algo que usted puede necesitar hacer si se ha dado cuenta de que está en una relación con un narcisista. Estas personalidades constantemente empujan los límites en todo tipo de formas - imponiendo en su tiempo, su energía, su privacidad y su vida personal. Sin embargo, una vez que usted reconozca esto, estará en una posición más fuerte para establecer y mantener límites alrededor de lo que es importante para usted.

Por ejemplo, digamos que un pariente constantemente hace comentarios negativos o menospreciativos sobre su carrera. Sabiendo esto, tenga algunas frases preparadas para cuando llegue el siguiente comentario: "Hmm, estoy muy contento con cómo va mi trabajo. No siempre es un camino fácil, pero siento que estoy progresando". Entréguelos ligeramente, sin ningún tipo de calor, y sepa que acaba de tomar la decisión de defenderse, lo que fortalece su posición y debilita la del narcisista.

Y luego cambie el tema, o póngalo de nuevo sobre ellos y pregúnteles cómo va su trabajo.

O tal vez el narcisista trata de llevarte a una conversación sobre cómo va su vida, y siente que está investigando. Ten en cuenta que a los narcisistas les gusta aprender tus puntos débiles para que puedan revelárselos a los demás o provocarte con ellos en una fecha posterior.

En este caso, una vez más, mantente amigable y neutral mientras no das nada que no quieras - recuerda, solo porque alguien te haya hecho una pregunta personal no significa que tengas que responderla. A veces, simplemente respondiendo con "¿Qué quieres decir?" o "¿Por qué preguntas?

4. No espere un comportamiento justo o razonable

Los narcisistas son jugadores crónicos. Pero también tienden a tener métodos predecibles de ataque e intentarán lo mismo una y otra vez si ven que se les levanta. Sea impredecible en la respuesta, y trabaje en sus propias estrategias, que pueden ser tan simples como el rechazo.

Si hacen un comentario desagradable, simplemente se niegan a aceptarlo. Diga suavemente: "No. Eso no es verdad".

Nunca espere que sean justos o amables, y tenga su guardia lista para recuperarse. Incluso una larga pausa seguida de "¿Qué quieres decir?

Déjelos sintiéndose un poco inseguros acerca de si usted es sabio con ellos o no. Nunca jugarán limpio, así que no sienta que tiene que ser completamente justo en respuesta - juegue con ellos en su propio juego, pero de manera inocente.

Otra buena táctica aquí, si tienes que trabajar con un narcisista, tal vez, o ver a uno en una reunión familiar, es prepararte de antemano. Duerma bien por la noche, coma bien, haga algo de ejercicio y aprenda algunas técnicas sencillas de respiración que le ayudarán a permanecer calmado y alegre en el momento. Los narcisistas tienden a aprovecharse de los débiles, así que mantenerse fuerte y saludable es una buena manera de defenderse de ellos. Veremos esto más adelante.

5. Acéptelos

Esto es algo difícil de hacer, particularmente si estás muy apegado a tu narcisista - si, tal vez, ellos son tu pareja romántica, tu amigo íntimo o tu padre. Pero si puedes aceptar que son narcisistas, que no pueden cambiar y que nunca conseguirás nada diferente de ellos, tu vida será más fácil. Parte de la frustración de este tipo de personalidad es que a veces pueden ser tan amables. Sabes que lo tienen en ellos, así que ¿por qué no pueden ser así todo el tiempo?

No tiene importancia. No pueden. A menudo, no tienen ningún incentivo para cambiar. Después de todo, la vida de un narcisista es a menudo superficialmente muy agradable, especialmente con unos cuantos monos entrenados bailando a su alrededor. Sí, tienen sus demonios, pero los mantienen bien enterrados, por lo que en su mayoría están bastante contentos.

Aceptar que su narcisista no cambiará es el primer paso para avanzar con su propia vida, libre de su influencia negativa. Es posible que no pueda deshacerse de ellos por completo si son miembros de su familia, pero descubrirá que pasan mucho menos tiempo debajo de su piel de lo que están acostumbrados.

Si está en una relación romántica con un narcisista, renunciar a sus expectativas de que cambiarán es el primer paso para liberarse, y seguir adelante sin ellos, o aceptarlos por lo que son y encontrar otras formas de satisfacer sus necesidades. Te mereces algo mejor, después de todo.

5 frases para desarmar instantáneamente a un narcisista

1. "Estoy de acuerdo. "o "Tienes toda la razón."

Si está en una situación de trabajo o celebración familiar, es mucho más fácil simplemente acompañar al narcisista. De acuerdo con lo que digan, sonríe dulcemente y sé un poco aburrido para que rápidamente pasen a otra persona para más drama.

Desafiar a un narcisista nunca vale la pena, ya que terminará sintiéndose atacado e indigno si lo hace - no pueden tolerarlo, y si lo intenta, pronto se dará cuenta de lo difícil que es para ellos. Lo que, es más, ellos buscarán ganar la discusión a cualquier costo, y usted terminará sintiéndose atacado. Es mucho mejor sonreír dulcemente y pasar a otras cosas, como hacer algo que te haga sentir bien.

2. "¿Qué pensará la gente?"

Una cosa que el narcisista valora de todo lo demás es su imagen. Si quieres que hagan algo por ti o que se comporten, asegúrate de recordarles que su comportamiento será visible para los demás.

Una de las maneras de hacer esto es invitando a otras personas a una situación. Digamos que estás discutiendo con ellos. Diga: "Mira, creo que tendré una charla con fulano y veré qué piensan" o "¿Deberíamos llevar a papá a la habitación también para que podamos hablar de esto juntos?" Ellos cambiarán rápidamente su tono si se dan cuenta de que usted está preparado para hacer que otros tomen conciencia de su comportamiento y no para mantenerlo en secreto.

3. "Lamento que te sientas así."

Esta es una gran manera de desactivar una discusión con un narcisista. Pone sus sentimientos firmemente de vuelta sobre ellos y es lo suficientemente neutral como para desalentar nuevos ataques. Usted no se está disculpando ni asumiendo la culpa, pero está reconociendo que es difícil para ellos ser desafiados.

4. "Puedo vivir con tu defectuosa percepción de mí"

Nuevamente, esto está devolviendo los sentimientos y opiniones del narcisista. Supongamos que ha establecido un límite claro con un narcisista con el que no está contento. Ahora, te están atacando y diciendo que estás siendo difícil e incómodo y que debes ceder ante ellos.

En lugar de decir: "No, no lo soy" y ponerse a la defensiva, afirmando tranquilamente que se puede aceptar su opinión errónea, se hacen dos cosas: Les dice que están equivocados, pero usted no se molestará en tratar de corregirlos. En vez de eso, vas a aceptar que están equivocados y seguir adelante. Los deja sin lugar a donde ir porque no estás tomando su actitud negativa hacia ti.

Esencialmente, está diciendo que no tiene ningún interés en controlar sus pensamientos, aunque no esté de acuerdo con ellos o no los acepte de ninguna manera - lo cual es una actitud saludable para tomar hacia cualquiera, realmente.

5. "Tu ira no es mi responsabilidad."

Una vez más, usted está poniendo su comportamiento de nuevo en ellos. Esto puede hacerlos absolutamente furiosos - los narcisistas tienden a odiar cualquier forma de charla de autoayuda o lo que ellos ven como una tontería de la nueva era. Simplemente repíteselo, más de una vez si es necesario, y aléjate de ellos si puedes. Pronto se aburrirán y seguirán adelante.

Cómo protegerse de un narcisista

Protegerse de un narcisista no es fácil, pero hay algunas tácticas que puede probar. Si aún no está listo para dejar una relación con un narcisista, puede considerar la posibilidad de formar un **contrato de conexión** con ellos para obtener lo que quieres de la relación.

¿Qué es un contrato de conexión?

En pocas palabras, un contrato de conexión es un acuerdo escrito en el que se establece la línea de base de cómo desea que lo traten. Si el narcisista rompe este contrato, ya no tiene derecho a disfrutar de una conexión con usted. Si usted está en una relación con un narcisista, puede leer algo como esto:

"No quiero escuchar los insultos ni que me griten o critiquen injustamente. Si eres incapaz de hacer esto, me iré".

Para un padre narcisista que desea visitarte, podría ser más bien esto:

"Puedes quedarte en mi casa por tres noches, pero mientras estés aquí debes comprometerte positivamente con mis hijos, y no gritarme ni a mí ni a nadie más que viva aquí. Tampoco quiero darle dinero - usted necesita manejar sus propias finanzas y pagar sus propios gastos en todo momento. Si no está de acuerdo con estas condiciones, tendrá que pagar un hotel y nos reuniremos para tomar un café".

Esencialmente, un contrato de conexión crea un conjunto de pautas claras y neutrales sobre lo que se tolerará y lo que no se tolerará. Si el narcisista rompe esto, no necesitas enfadarte o discutir, simplemente señalas que han roto el contrato y por lo tanto ya no son bienvenidos en tu presencia.

Sí, es duro y contundente, pero te quita la presión de estar constantemente preguntándote qué es aceptable y qué no lo es. Con un contrato de conexión, todo el mundo sabe cuáles son las reglas, y si el narcisista las rompe (y lo más probable es que lo haga), puedes señalar el contrato y mantener la calma.

¿Cuándo es apropiado utilizar un contrato de conexión?

Un contrato de conexión puede ser útil cuando ya ha tenido varias explosiones y confrontaciones con un narcisista, y sabe que no está contento con su comportamiento, pero no está dispuesto a cambiar o reconocer que ha hecho algo malo.

Esencialmente, se hace cargo de la discusión y establece lo que no ves como aceptable. Es posible que lo lean y quieran volver a discutir, en cuyo caso simplemente puede decir que no quiere seguir discutiendo, solo quiere ir con lo que está escrito.

Es una manera final de tratar de conseguir que un narcisista se comporte, y aunque puede no tener éxito, al menos demuestra que se trata de un negocio serio.

Capítulo 4 - Corte de la cuerda

Por qué es tan difícil romper con un narcisista

Supongamos que ha leído hasta aquí y se ha dado cuenta de que está en una relación que es tóxica para su propio bienestar y que necesita salir. Puede ser alguien con quien haya tenido una relación romántica, o puede ser un miembro de la familia o un amigo cercano del que debe alejarse. Cualquiera sea la situación, debe seguir algunas estrategias confiables para protegerse mientras realiza este proceso.

Una cosa que debe tener en cuenta al hacer planes es que salir de una relación con un narcisista **no es como romper con la mayoría de las personas**. No les gusta y te lo pondrán extremadamente difícil.

Si te has enamorado de un narcisista, te verás envuelto en lo que los psicólogos llaman un vínculo traumático. Como humanos, estamos conectados para sentirnos cerca de los demás. Así que la táctica narcisista de los bombardeos amorosos al comienzo de una relación, o cuando empezamos a retroceder, naturalmente te hará sentir más cerca de ellos.

Pero eventualmente, un narcisista se volverá contra ti, lenta pero seguramente. Se sentirá confundido e inseguro porque nunca sabes dónde estás parado. Esta incertidumbre lo hace menos seguro y más fácil de manipular - todas las tácticas que el narcisista empleará sin conciencia para obtener la ventaja en la relación. Se sentirá

Relación Narcisista

confundido porque te has unido a ellos en uno de sus momentos más agradables y ahora estás viendo un lado diferente de ellos.

Puede saber que la relación es mala para usted y que esta persona lo hace infeliz o temeroso, pero de alguna manera ha perdido el coraje de cuidarse e irse. También estás dudando de ti mismo: después de todo, ¿parecías hacerlos tan felices al principio? Seguramente para que las cosas cambien, debes haber hecho algo mal, y si pudieras resolver lo que fue, ¿volverás a las cosas como estaban? Y de vez en cuando son absolutamente encantadores, lo que te mantiene esperando.

Los narcisistas también son muy buenos aislando a sus víctimas, así que puede que sientas que no tienes a nadie a quien recurrir. Esto no es verdad. Lo más probable es que haya viejos amigos o familiares que te abrazarán si les dices la verdad sobre tu relación con esta persona. Puede que ya sean conscientes de los problemas y estén esperando a que usted hable. El hecho es que las relaciones no deberían ser tan difíciles.

Entonces, ¿cómo llegaste a este estado? Bueno, eres humano. Sucede. Algunos de nosotros somos más vulnerables que otros a los encantos del narcisista, y eso es algo en lo que puede que necesites pensar en el futuro - miraremos las banderas rojas para futuras relaciones al final del libro. Pero esencialmente, los narcisistas son muy buenos en lo que hacen, y en crear un vínculo traumático.

El vínculo traumático funciona de manera un poco diferente dependiendo de si se trata de una relación a largo plazo, como con un padre, o con una nueva pareja romántica.

Con las relaciones a largo plazo, es más bien un ciclo constante entre el comportamiento amoroso y el abuso que puede durar años y que se establece en la infancia.

Con las relaciones románticas, tiende a ser que las cosas empiezan bien y se deterioran. O se sale a la primera señal de problemas, o se mete en un ciclo abusivo que puede durar años, si lo permite.

Las 7 etapas de la vinculación del trauma

1. **Bombardeo de amor**
   Eres perfecto y no puedes hacer nada malo, y eres conquistado por su encanto y atención. Son halagadores, amables, afectuosos y parecen estar completamente enamorados de usted. Por supuesto, siendo humano, disfrutas de esto. Pero por supuesto, con el narcisista, nunca durará.

2. **Confianza**
   Crees todo lo que dicen, y empiezas a confiar y creer en ellos. Mientras que puede haber una pequeña parte de ti que sabe que todo esto es demasiado bueno para ser verdad, también te atraen con pequeños actos de bondad e intimidad que te hacen creer y confiar en ellos. ¡Usted simplemente nunca ha conocido a alguien tan maravilloso antes, y parece que se siente de la misma manera!

3. **Comienza la crítica**
   El bombardeo amoroso se desvanece, lentamente o a veces de forma muy abrupta, y el puntilloso y las críticas empiezan a escalar. De repente, no eres tan perfecto. Esta etapa puede ir acompañada de crecientes demandas de tiempo y energía,

conflictos y un sentimiento de desesperación o confusión, a medida que te preguntas qué ha cambiado y cómo puedes volver a tener un terreno más firme.

4. **Gaslighting**
Esta nueva situación es culpa tuya. Si solo hicieras las cosas de manera diferente, o no fueras tan loco o irracional, todo estaría bien. Empiezas a dudar de ti mismo, en parte porque parecen tan convincentes. No han hecho nada malo. Todo está en tu cabeza.

5. **Control**
Aceptas lo que ellos quieren porque empiezas a creer que estás equivocado y esta es la única manera de volver a sus buenos libros.

6. **La resignación y el aumento de la desesperación:**
Las cosas parecen estar empeorando. Si tratas de defenderte, te encuentras con más abuso. Te sientes solo, triste y aislado.

7. **Eres adicto**
Sabes que esta persona es mala para ti, pero de alguna manera sigues volviendo por más, y todo lo que quieres es recuperar su aprobación y ver su lado amable. Con un padre, esto se debe a que estamos naturalmente dispuestos a amar a nuestros padres, sin importar lo inadecuados que sean para el trabajo.

Con las relaciones románticas, a menudo es porque tenemos una visión de la relación y su futuro en nuestra cabeza, y sabemos que va a ser doloroso y solitario renunciar a ella y volver a buscarla de nuevo. Mucho más fácil de aguantar y esperar que las cosas cambien. Usted también está debilitado por su constante abuso de bajo nivel y no se siente lo suficientemente fuerte para salir.

Cómo romper con un narcisista para siempre

Romper con un narcisista no es un proceso fácil, pero vale la pena. Principalmente porque la relación nunca te va a dar lo que necesitas, a pesar de los ocasionales buenos días. Estás buscando algo que simplemente no existe. Dejar a esta persona atrás liberará espacio y energía en tu vida para cosas mejores, relaciones más saludables y mayor felicidad. Se le permite hacer eso - de hecho, ¡le estoy dando permiso ahora mismo! Pero ¿cómo lo haces? Siga leyendo para averiguarlo.

1. **Prepárese**
   Obtenga toda la información que pueda sobre los narcisistas. Estudie este libro y otros recursos, y sepa que está haciendo lo correcto para su propio bienestar.

2. **Distanciarse gradualmente**
   Estar un poco menos disponible y un poco más aburrido. Deje que piensen que se están aburriendo de usted, incluso, y vea si usted puede desconectarse lentamente en lugar de dejar que se den cuenta de lo que está haciendo - lo cual puede incitar a la rabia narcisista.

3. **Reconectarse con los demás**.
   Esta es una gran manera de romper el control del narcisista sobre usted. Encuentre maneras de dejar que otros regresen a su vida, sin importar cuán bajo y aislado se sienta. Llame a un

viejo amigo, vea algo que le interese, únase a un club. Sea lo que sea, salga de su aislamiento y rodearse de gente sana y comenzará a sentirse mejor.

4. **Piense en una excusa**
   Trate de no hacer la ruptura o el distanciamiento sobre ellos. Hable acerca de lo que es mejor para ambos y encuentre maneras de hacer que parezca más una idea de ellos que de usted. No los encienda, acuse o les diga sus faltas - esto es insoportable para ellos y solo hará más difícil salir.

5. **Haga una ruptura limpia**
   No lo alargue - una vez que hayas decidido irse, váyase rápido. Una vez que se haya ido, no vuelva a contactar con ellos. Manténganse fuertes y no se sientan tentados por los bombardeos de amor, que vendrán. A menudo, con un miembro de la familia, es imposible hacer una ruptura limpia sin una gran cantidad de interrupción dentro del círculo más amplio de miembros de la familia. En este caso, a menudo es más fácil simplemente alejarse o tener poco contacto, que es cuando mantienes el contacto al mínimo y te proteges con límites firmes.

   Muchos hijos de narcisistas dirán que lo mejor que hicieron fue poner distancia física entre ellos y su padre narcisista. Rompió la fuerte carga emocional y también les permitió sentirse realmente seguros y felices en un lugar sin recordatorios de dolor infantil.

6. **Esperar y planear represalias**

Hará que la gente lo llame, que se preocupe por usted, esos **monos voladores a** los que el narcisista es tan bueno llamando. Conseguirá que alguien más intente construir un puente. Recibirá llamadas telefónicas, visitas inesperadas, cartas con disculpas poco sinceras en su buzón de correo. Prepárese para todo esto y manténgase fuerte.

Finalmente, si permanece neutral y firme durante el tiempo suficiente, el narcisista se aburrirá y pasará a otra persona. Pero llevará tiempo. Mientras todo esto sucede, establezca algunos hábitos para protegerlo: duerma mucho, haga ejercicio y coma bien para ayudarlo a mantener la calma y concentrarse ante la indignación del narcisista. Cubriremos esto más adelante.

7. **Sea amable con usted mismo**
Una relación con un narcisista puede hacer que te sientas agotado. Usted puede esperar algunos sentimientos de pena y un sentido de pérdida, e incluso de fracaso. Todos estos son sentimientos normales y pasarán. Dese tiempo y espacio, obtenga asesoramiento si lo necesita, y tómelo con calma.

Llevar un diario a dónde vas para descargar tus sentimientos y también recordarte a ti mismo por qué estás haciendo lo que estás haciendo te mantendrá enfocado. Cuando el narcisista empieza a amar los bombardeos, lee tu diario para recordarte lo desagradables que son capaces de ser, sin importar lo deliciosos que sean en este momento. No cambiarán y no pueden cambiar, así que escapar es lo correcto. Recuérdate de esto cuando empieces a tambalearte.

Usando el método de la roca gris a su favor

Por encima de todo, a los narcisistas les encanta el drama. También son muy competitivos y envidiosos, así que, si tienes algo emocionante en tu vida, intentarán alimentarse de ello - y tratar de robar tu alegría en él. A los narcisistas les encanta soplar las velas del pastel de otra persona.

Entonces, ¿cómo lidias con esto? No pongas el pastel delante de ellos. El método de Gray Rock es una herramienta maravillosa para tratar con narcisistas. Va en contra de nuestros instintos normales, pero eso es lo que hay que hacer cuando se trata de este tipo de personalidad.

Entonces, ¿cómo funciona?

Imagínese una roca gris. Sin color, sin vida, sin nada que ver aquí. Y luego, simplemente, comportarse como tal. Es tan simple como eso. Este truco es esencialmente hacer que parezca tan aburrido, tan aburrido, que el narcisista no tiene nada de qué alimentarse y pronto (ojalá) pasará a otra persona.

Lo que los narcisistas quieren es tu energía. Si te sientes bien, ellos quieren quitarte eso. Si tienes alguna noticia emocionante, ellos quieren superarla. Si tienes algo doloroso en tu vida, ellos quieren acercarse y ver tu dolor. Son la verdadera definición de vampiros emocionales.

No les de nada más que una aburrida roca gris.

Cuando regresan a ti, buscando tesoros brillantes para robar, sigue sin darles nada. Responda a sus solicitudes de información con charlas aburridas. Nunca les digas lo que va bien en tu vida, porque ellos encontrarán la manera de arruinarlo para ti. Si investigan, diles que todo ha sido muy tranquilo. No hay noticias.

Gray Rock es una buena manera de salir del melodrama que es la vida del narcisista. Tendrán que ir a buscar su dosis a otra parte, y usted será libre de disfrutar de una existencia más pacífica.

Esto es difícil de hacer. Siempre habrá una parte de ti que quiera ganárselos, especialmente si son padres. Después de todo, ¿no se supone que deben estar felices por sus hijos? ¿No es eso normal?

Sí, es normal. Lo que tienes que recordar, sin embargo, es que no tienes que ser una buena persona para ser padre. De hecho, usted puede ser una persona muy desagradable y tener muchos hijos. Es un hecho triste de la vida que las personas más indignas pueden ser bendecidas con niños, pero no están emocionalmente equipadas para amarlos y cuidarlos.

Afortunadamente, este no es el caso para la mayoría de nosotros. Pero si sacaste la pajita más corta, es mejor aceptarla y buscar amor y aprobación en otro lugar que tratar de obtenerla de alguien que no la tiene, aunque sea tu madre o tu padre.

Con una pareja romántica, es posible que quieras impresionarlos, ganártelos y que las cosas vuelvan a ser como eran al principio. Lamentablemente, no puedes. Su encanto inicial fue un acto, y lo que están viendo ahora es su verdadero yo. Deja de tratar de ganártelos, y pon tu energía y tiempo en construir un futuro más feliz, lejos de esta alma dañada.

Una nota para tu futuro yo.
Lo más probable es que no tenga otra relación con un narcisista a toda prisa. Ha aprendido la lección, y sabrá que debe alejarse en el

momento en que veas signos de bombardeos amorosos o de repentina maldad (más sobre esto más adelante).

Pero he aquí una poderosa cita de la escritora Maya Angelou para mantenerte a salvo:

"Cuando alguien te muestra quiénes son, créeles la primera vez."

Capítulo 5 - Sanación del abuso narcisista

Si está leyendo este libro, es probable que se sienta magullado y atacado como resultado de las interacciones que ha tenido con el narcisista en su vida.

Los psicólogos ahora reconocen que el abuso emocional - el tipo que no se puede ver y deja sus moretones en el alma, no en el cuerpo - es tan dañino y traumático como el abuso físico. Aquellos que lo han experimentado a menudo dicen que preferirían ser golpeados físicamente porque las heridas de la psique son mucho más dolorosas y debilitantes.

Ahora también se reconoce que el abuso psicológico puede provocar los mismos tipos de trauma que resultan de eventos traumáticos únicos, como un robo o atraco. Debido a que el abuso del narcisista tiene lugar durante un largo período de tiempo, puede ser difícil ver las heridas y el daño que ha sufrido. En cambio, las víctimas tienen la sensación de haber sido atacadas o heridas, lo que tomará un tiempo igualmente largo para sanar.

Los sobrevivientes de incidentes individuales como los accidentes automovilísticos lo saben instintivamente, y aunque el daño puede ser profundo, usted puede recuperarse. La diferencia con el abuso narcisista, sin embargo, es que usted puede en cierto nivel sentir que fue su culpa. El narcisista es muy bueno para hacerte dudar de ti mismo, para plantar pequeñas semillas de incertidumbre, mientras se pintan a sí mismos como irreprochables. No es de extrañar que te sientas sitiado o sufriendo de un trauma profundo cuando te encuentras con un narcisista.

En este, el capítulo más importante del libro, desviaremos nuestra atención del narcisista y volveremos a donde debería estar: en usted. Examinaremos las etapas de la recuperación del abuso narcisista y cómo se desarrollará cada una de ellas.

También revelaremos las verdades transformadoras a las que cada víctima debe enfrentarse si quiere recuperarse de su experiencia. Además, le proporcionaremos algunos ejercicios esenciales para fortalecer y sanar su mente y corazón.

Finalmente, le ofreceremos afirmaciones que alteran la vida para sanar las heridas del pasado y repetirse a sí mismo como un mantra a medida que comienza el emocionante proceso de pasar de esta relación tóxica y comenzar el próximo capítulo más feliz de su vida.

Las 5 etapas de recuperación del abuso narcisista

Recuperarse del abuso narcisista es similar a recuperarse de la muerte de un ser querido. Particularmente si usted ha amado y creído en esta persona por mucho tiempo y ha sido engañado con sus historias, es difícil aceptar que ellos no son quienes dicen ser. De hecho, ni siquiera se acercan a la forma en que se representan a sí mismos.

La recuperación puede dividirse en cinco etapas. Hasta cierto punto, su proceso de curación dependerá de su personalidad y del narcisista en su vida. También es importante tener en cuenta que puede que no haya un momento en el que usted diga que está completamente por encima de lo que ha sucedido. El abuso deja cicatrices, e incluso si se curan y no se forman nuevas, siguen ahí. Pero te harán más fuerte y compasivo, así que no te sientas como si estuvieras cambiado para peor, o dañado irreversiblemente. Simplemente has cambiado y crecido un poco más, como todos nosotros (¡aparte de los narcisistas!)

Aquí hay una guía aproximada que lo ayudará a comprender mejor el proceso de recuperación.

Etapa 1: Modo de emergencia

Digamos que ha tenido lo que espera que sea su último enfrentamiento con el narcisista. Les has dicho que se acabó, que se ha ido del edificio o ha colgado el teléfono, y que está decidido a no dejar que vuelvan.

Usted podría estar recibiendo mensajes de ellos o tenerlos apareciendo en su puerta. O puede ser que estés escuchando de ellos a través de otros espectadores preocupados, enviados por el narcisista para jugar con tu culpa, miedo, obligación y simpatía.

Lo que necesitas ahora mismo es seguridad emocional. Habla con alguien que entienda al narcisista y que no te culpe a ti. Dígase a sí mismo que está haciendo lo correcto. Y lo más importante, no hagas nada para castigarte. Sin atracones de comida, sin rumores ni culpa propia, sin alcohol ni drogas.

Practique el **autocuidado radical**: trátese como si fuera un ser querido que ha sufrido una lesión. He aquí algunas sugerencias:

- Bríndese descanso, buena comida, baños calientes e incluso un ramo de flores. Compre y cocine su comida reconfortante favorita.
- Tome un poco de aire fresco y haga ejercicio.
- Escuche meditaciones guiadas y edificantes en YouTube.
- Mantente ocupada, pon tu casa en orden con algo de decadencia.
- Vaya a nadar o a hacer cualquier ejercicio que le haga sentir bien.
- Lea un libro o vea una película divertida.
- Haga algunos planes para el futuro - un viaje, un proyecto, una nueva área de estudio.
- Vuelva a entrar en contacto con la naturaleza: un paseo por el bosque o por la playa, o simplemente una excursión a su parque local. ¡Cueste lo que cueste!

Usted puede ver en esta lista que se trata de volver a lo básico: hacer el tipo de cosas que hacen que un niño pequeño se sienta bien. Manténgalo sin complicaciones y sepa que está haciendo lo correcto cuidándose a sí mismo.

Apague su teléfono si lo necesita y manténgase alejada de los medios sociales, donde puede encontrar a su abusador tratando de localizarla. En esta etapa, usted puede estar traumatizada por el contacto abusivo y es crucial que se concentre en calmarse.

Etapa 2: seguir adelante y enojarse

Aquí, comenzará a sentir que su energía regresa y puede tener momentos de ira y enojo al darse cuenta de cuánto tiempo y energía le robó el narcisista.

También puede sentirse enojado consigo mismo, por dejar que el narcisista se salga con la suya durante tanto tiempo, por no hablar o defenderse. Todo esto es totalmente normal y solo significa que estás avanzando y creciendo, no que has fallado o hecho algo malo.

Usted puede regresar a la primera etapa, especialmente si tiene contacto con el narcisista. Es importante en esta etapa reconocer su enojo, pero no quedarse atrapado en él. Pasar demasiado tiempo en línea hablando con otras personas que sufren, por ejemplo, puede no ser la mejor idea, ya que puede impedir que avance en su vida.

Si te resulta muy difícil seguir adelante, o sientes que estás dando vueltas en círculos, este es un buen momento para ver a tu médico de cabecera y hablar sobre la posibilidad de recibir asesoramiento profesional, si crees que te puede ayudar.

Tercera etapa: ¿Debería volver a ponerse en contacto?

Ahora llega el momento en que se olvidan algunos de los detalles de lo que sucedió y, lo que es más importante, los sentimientos desagradables pueden haberse desvanecido. Empieza a recordar los buenos puntos del narcisista. Empieza a pensar que tal vez no era tan malo como recordaba, y tal vez simplemente estaba exagerando o siendo demasiado sensible.

Tal vez usted quiere un cierre, o una oportunidad para ver si han enmendado sus caminos (no lo han hecho.) Tal vez simplemente se pierda los buenos tiempos. También es posible que empieces a escuchar a los narcisistas, ya que ellos empiezan a extrañar tu atención y a pensar en maneras de atraerte de nuevo.

Manténgase fuerte. No vuelva, no hay nada más para usted que dolor. Dejar que el narcisista regrese a su mundo puede enviarte directamente a la primera etapa, o peor aún, puede encontrarse de nuevo en una relación con ellos, y el ciclo comienza de nuevo.

Cuarta etapa: Alcanzar la distancia

Este es el punto en el que ha tenido algo de tiempo para curarse y rodearse de normalidad. Has superado muchas de las emociones más feroces y estás comenzando a tener una comprensión más clara de lo que te sucedió y por qué te atrajo a la relación, o cómo encontraste la manera de salir de ella.

Sin embargo, es posible que todavía tenga días malos, cuando se culpa o se encuentra creyendo lo que el narcisista dijo de usted.

Acepta esos sentimientos, siéntate con ellos y pasarán. Te estás acercando a ser sanado y avanzando con tu vida. El narcisista se equivocó contigo, e hiciste lo mejor que pudiste en ese momento.

Etapa cinco: Aceptar y seguir adelante

Sigues avanzando. Usted tiene una buena comprensión de sus propias fortalezas y debilidades. Ahora, eres cada vez más capaz de rechazar las cosas que el narcisista te dijo.

Tal vez usted ha tenido alguna terapia y está pensando en cómo formar relaciones más saludables en el futuro. Has formado algunos buenos hábitos diarios para ayudarte a sentirte fuerte y seguro (más sobre esto más adelante) y estás planeando una vida más feliz para ti mismo.

Sobre todo, estás libre del narcisista y de la influencia tóxica que tuvieron sobre tu vida.

5 verdades transformadoras a las que toda víctima debe enfrentarse

1. El narcisista nunca cambiará en la forma en que lo necesita

Obviamente, todos son capaces de cambiar y crecer personalmente. Todos nos desarrollamos de todas las maneras, unos más que otros. Pero el narcisista es muy resistente al cambio, y nunca debe perder su tiempo y energía esperando que las cosas sean diferentes.

Para empezar, lo deja atascado en una posición de espera. Y la gente puede quedarse en ese lugar durante años. Puede que tenga momentos en los que veas la posibilidad de que las cosas sean diferentes - por ejemplo, el narcisista se ha comportado mal, usted los ha dejado fuera, y ahora le prometen que las cosas serán diferentes.

No lo harán. Todo lo que sucederá, si deja que esa persona se acerque de nuevo, es que el ciclo comenzará una vez más. Y luego una y otra vez. Incluso si cambiaran, quizás después de muchos años de terapia, seguirían careciendo de empatía básica.

¿Y realmente quieres pasar años de tu preciosa vida esperando que alguien sea mejor? Todo ese tiempo, toda esa energía, podría ser gastada de manera mucho más productiva en otros esfuerzos y en personas más merecedoras.

2. No son una persona diferente con los demás y no es usted problema.

No crea que es el único que tiene problemas con esta persona, aunque puede que te hagan sentir así. Sí, puede parecer que todo está bien en sus otras relaciones, y usted fue el que causó los problemas. Pero no son diferentes a los demás. Son la misma persona con todos.

La única diferencia es que estás viendo el exterior de esas otras relaciones, no el interior. Los narcisistas son incapaces de tratar a alguien con amabilidad y decencia. Pero también son a la vez reservados y obsesionados con la imagen, así que lo más probable es que sus otras relaciones también sean escasas y tóxicas, pero simplemente lo ocultan bien.

3. Abusaron de usted deliberadamente y no estaba todo en su cabeza.

Debido a que los narcisistas son tan buenos en lo que hacen, y en mantener sus trucos justo por debajo del radar, puede que empieces a preguntarte si estás imaginando cosas. Usted podría preguntarse si son genuinamente desagradables y abusivos, o si de alguna manera no se dan cuenta de que lo que están diciendo y haciendo es hiriente.

Relación Narcisista

Sí. Saben exactamente lo que hacen. No hay excusa para su comportamiento, aunque probablemente escuchará algunas excusas: están envejeciendo (los narcisistas ancianos son muy buenos para retrasar su edad cuando les conviene), o quizás tuvieron una infancia infeliz y usted debería sentir lástima por ellos.

No. Lo siento. No es suficiente. Muchas personas tienen una infancia miserable y no andan por ahí haciendo que otros se sientan mal. No hay excusa para el comportamiento abusivo. Esta fiesta de lástima es algo que los narcisistas son muy buenos en lanzar cuando les conviene, particularmente para apuntar a individuos empáticos que sientan lástima por ellos y les perdonen su comportamiento - solo para que todo vuelva a empezar una vez más.

Lo que la gente compasiva encuentra difícil de entender acerca de los narcisistas es cuánto placer obtienen de manipular, explotar y jugar con otros. La mayoría de nosotros no disfrutamos de esas cosas y nos cuesta imaginarnos sintiendo felicidad por el sufrimiento de los demás. Pero los narcisistas sí. Se alimentan del drama, de la miseria, y les da una sensación de poder, control y significado en sus vidas, que de otro modo estarían vacías. Tristemente, no hay forma de escapar de esto, no hay un yo superior al que puedas apelar en el alma de un narcisista.

Tampoco es accidental su comportamiento abusivo. Una buena pregunta para hacerse, si se está preguntando sobre algo que un narcisista dijo o hizo, es - ¿quién estaba con usted cuando dijo eso? ¿Estabas solo? ¿O lo dijeron delante de los demás?

Cualquiera que pueda cambiar su comportamiento dependiendo de quién esté escuchando sabe exactamente lo que está haciendo.

E incluso si no están bien, no es tu problema. Usted tiene el derecho de protegerse y vivir una vida libre de abuso narcisista.

4. **Recuperarse llevará tiempo y no es un proceso que se pueda apurar.**

A diferencia de un solo evento traumático, como un accidente automovilístico, el abuso narcisista tiene lugar durante un largo período de tiempo. Aunque las heridas físicas pueden sanar, el daño a su salud mental toma más tiempo.

Lo que esto significa es que usted no tiene que perdonar a su abusador o barrer sus sentimientos bajo la alfombra.

Si usted se siente triste o enojado por la forma en que lo trataron, eso no es una señal de debilidad. Es una respuesta razonable a lo que te ha pasado. Tampoco necesita perdonar o sentir compasión por su abusador. Después de todo, no sienten compasión por ti.

El narcisista quiere que dudes de usted mismo, que minimices lo que pasó y que creas que estás exagerando o que lo estás haciendo peor de lo que era. Esto no es verdad. Los narcisistas son personas verdaderamente peligrosas y perturbadoras, y usted puede tomarse todo el tiempo que necesite para sanar de su experiencia.

5. **Todas las emociones son válidas**

No hay una manera correcta de sentir. Es posible que usted haya sentido, junto con su abusador, que ciertos sentimientos o reacciones eran inaceptables. Los padres narcisistas son muy buenos entrenando a sus hijos para someter las respuestas emocionales y nunca se quejan, por ejemplo.

Pero todas sus emociones son válidas, y usted tiene el derecho de sentirlas y expresarlas apropiadamente, sean cuales sean. Usted tiene el derecho de sentirse **enojado** por lo que se ha dicho y hecho, siempre y cuando no esté expresando su enojo de una manera que sea destructiva para los demás.

El truco es usar tu ira productivamente: Úselo para impulsarte hacia adelante, para energizarte y para poner tus sentimientos en cosas que promoverán tu propia vida. ¡Puede ser una fuerza creativa para el bien si la canalizas y la usas sabiamente!

Usted también tiene derecho a sentir **dolor**. Esto no es una debilidad, es un reconocimiento de que has perdido a alguien que te importaba, o al menos la idea de quiénes eran para ti. Siente tu dolor, hónralo, y sigue adelante.

Puede ser útil tomar distancia de sus emociones, verlas como separadas para usted: tal vez visualizar sus emociones como nubes que se mueven a través del cielo. De la misma manera, se mueven a través de su cuerpo y simplemente pasan. No es necesario que se desmorone: simplemente siéntalos, reconozca lo que está sintiendo y deje que se quede con usted todo el tiempo que necesite.

Si desea cambiar una emoción poco útil, aquí hay dos cosas que puede probar.

- Trabajo corporal: Tenemos emociones buenas y malas en nuestro cuerpo - solo piensa en lo diferente que nos vemos, nos movemos y sonamos cuando nos sentimos felices y cuando estamos tristes. Así que tiene sentido, entonces, que la carrocería sea una forma de cambiar las emociones. Esto puede ser a través de un masaje con un terapeuta experto, yoga, meditación o una larga caminata. Nadar y estar cerca del agua también es muy curativo para nuestras emociones.

- Hablar con un terapeuta experto en el trastorno de estrés postraumático también es útil a medida que trabajas a través de las emociones, y tendrán técnicas específicas que puedes usar para avanzar.

Ejercicios esenciales para fortalecer el corazón y la mente sanadores

Al comenzar su viaje de sanación, puede que encuentre útil llevar un diario de sus pensamientos y sentimientos. Esto puede ser un estilo de diario de descarga de cerebro, donde simplemente sacas todos tus pensamientos y recuerdos de tu cabeza y los colocas en tu página, o puede ser una serie de preguntas guiadas para ayudarte a preguntarte cómo te metiste en tu relación con el narcisista y lo que has aprendido.

Siga leyendo para obtener algunos ejercicios de escritura sencillos que aclararán sus pensamientos y sentimientos internos y harán que avanzar sea un poco más fácil al hacerle algunas preguntas sobre su experiencia.

Encuentre un momento en el que no le interrumpan y se sienta fuerte, curioso y listo para avanzar de una manera significativa para sacar el máximo provecho de este ejercicio. Tómese el tiempo que necesite y siéntase libre de volver a estas preguntas y sus respuestas cuando se sienta incierto o molesto. Encontrará sus respuestas y su propia sabiduría interna muy poderosas. ¿Listo? ¡Vámonos!

1. ¿Cuáles son sus falsas creencias sobre la relación?

Aquí, puede anotar todo lo que creía sobre la persona y su relación con ella que ahora siente que es falsa. Aquí hay algunas ideas sobre cosas que puede haber creído:
- ¿Sintió que los problemas eran culpa suya? Ninguno de nosotros es perfecto, pero no todo puede haber sido culpa tuya. Empiece a deseleccionar esto y verá si obtiene una imagen más clara de su relación.
- ¿Sintió que había cosas que podría haber hecho para cambiar la relación?
- - ¿Sintió que él o ella trató mejor a los demás, o, de hecho, él o ella trata a todos con cierto grado de desprecio?
- ¿Siente que nunca encontrará a alguien más? ¿Es esto cierto? ¿Tienes otras personas en su vida que se preocupan por usted?

2. ¿Hay alguien en su infancia que lo alentó a asumir la culpa?

- A veces, con un narcisista, nos encontramos a nosotros mismos asumiendo la culpa de todo lo que ha salido mal,

mientras que la otra persona se escapa pareciéndose a la parte inocente.
- ¿Es un patrón de su infancia? ¿Le resulta familiar? ¿Es cierto, o, como la mayoría de los niños, estaba haciendo lo mejor que podía y cometiendo algunos errores en el camino?

3. ¿Qué gana usted protegiendo a su abusador y asumiendo la culpa?

Quizás tenga una idea idealista de cómo debería ser su relación con esta persona importante, y desea conservarla. Tal vez temes que si se defiende a usted mismo terminará solo.

¿Qué es lo que te impide enfrentar la verdad y dejar a esta persona atrás?

4. ¿Cuáles son algunos de los puntos de vista alternativos que se le pueden ocurrir?

Finalmente, mire todas las creencias que ha escrito en la primera parte, y proponga algunas alternativas que sean realistas y se sientan fieles a usted. Por ejemplo, si usted siente que todo fue su culpa, escriba las maneras en que trató de mejorar las cosas. Luego haga una lista de las cosas que definitivamente no fueron su culpa y que simplemente fueron el comportamiento narcisista.

Use este escrito para volver a cuando está dudando o superado con la culpa de lo que se ha desarrollado. Tomarse el tiempo para reflexionar sobre lo que sucedió y desafiar el statu quo y la historia que su narcisista le ha contado es una forma de reemplazar las creencias poco saludables por otras más amables y lo ayudarán a seguir adelante.

Afirmaciones que protegen la vida para curar heridas del pasado

Agregue a su diario algunas afirmaciones que resuenen con usted, y úselas para fortalecerlo cuando se sienta abrumado. Una vez más, esto es algo para su propio uso privado y usted puede usarlo como quiera, en formas que le resulten útiles y apropiadas.

1. **"Me estoy curando".**

Esta es quizás la afirmación más poderosa y una que puedes usar para contrarrestar cualquier espiral de pensamiento negativo cuando surja. La curación es un proceso largo y lento, pero puede suceder y de hecho sucede.

La curación puede no ser un proceso directo o lineal, y habrá contratiempos en el camino. Pero sanarás.

2. **"El pasado está detrás de mí, y me estoy concentrando en el presente y el futuro."**

Es fácil, especialmente cuando estás teniendo un mal día, quedarse atrapado en el pasado: arrepentimientos, rumia, pensamientos sobre lo que podrías haber hecho de otra manera o revivir momentos horribles con el narcisista. Perdónese cuando esto suceda y comprométase con el presente y el futuro.

Cuando te quedas atascado en el pasado, la afirmación anterior puede mantenerte firme. No hay nada que podamos hacer para cambiar el pasado. Todo lo que podemos hacer es reconocer lo que sucedió y usar lo que nos enseñó para conducirnos a un futuro más feliz. También es un buen recordatorio para valorar el momento presente.

3. "No hay absolutamente nada malo en este momento"

Una vez más, el pasado puede surgir para atormentarnos en momentos vulnerables. Cuando eso suceda, concéntrese en el presente. Párese afuera, escuche a los pájaros, sienta el sol en su cara y recuérdese a sí mismo que está a salvo y libre de daños.

4. "Soy una persona adorable que merece ser tratada con respeto y amabilidad."

Esta es la creencia de que los narcisistas son muy buenos en tratar de desmantelar. Son incapaces de ofrecer a los demás amor, respeto y amabilidad, o de sentir estas cosas dentro de sí mismos, por lo que hacen todo lo que pueden para hacerte sentir que tú tampoco las mereces.

Una vez que se aleje de un narcisista, tendrá que trabajar más duro en esta afirmación. Significa exactamente lo que dice, ¡y es verdad!

5. "Me merezco el cuidado personal."

Esta es una afirmación de por vida. Hablamos un poco sobre el autocuidado antes en este capítulo, y es algo que realmente te ayudará en tu viaje de sanación. También es una manera de ponerse en primer lugar -no todo el tiempo, por supuesto, no eres un narcisista- pero lo suficiente como para sentirte cuidado y amado.

Este no es un acto egoísta; en realidad es una forma de garantizar que también puedas cuidar bien a los demás. No puede llenar los tanques de otros, como sus hijos y amigos, cuando su propio tanque está vacío. Así que cuídate.

6. "Sé lo que sé, y confío en mí mismo."

Los narcisistas son expertos en la iluminación y manipulación de gases, haciéndote dudar de tu propia realidad para que se sientan más poderosos.

Esta afirmación busca contrarrestar eso al ponerlo a cargo de su propia cabeza y alentarlo a confiar y creer en su propia intuición, pensamientos y sentimientos.

7. "Tengo derecho a los límites".

Proteger sus límites es otro acto de autocuidado en el que tendrá que trabajar mientras se recupera del abuso narcisista. Es particularmente importante, ya que puedes esperar que el narcisista se mantenga bajo por un tiempo, pero siempre regresará en algún momento para intentarlo de nuevo contigo.

Permanezca fuerte e inflexible, y proteja sus límites silenciosamente en todo momento.

8. "No me extrañan; extrañan el poder ".

Si se siente triste por el narcisista porque parece estar solo o intenta ponerse en contacto con usted, recuérdese quiénes son realmente con esta afirmación. Nunca te amaron realmente. No es por algo por lo que hiciste mal, sino porque simplemente no son capaces de amar. Lo que sí extrañan es tener el poder de maltratarte.

9. "Mi éxito es mi respuesta."

Cuando la ira ataca - y lo hará - no los ataque. Esto es exactamente lo que quieren que hagas, como si estuvieras mostrando emoción significa que todavía tienen poder sobre ti. En cambio, repita la afirmación anterior y use su energía para hacer algo positivo en su nueva vida: metas laborales, un proyecto creativo, una meta de ejercicio o algo de autocuidado.

Trabaje en las cosas de su propia vida y deje que su felicidad y su éxito futuro sean su venganza. El Karma tiene una manera de desarrollarse en su propio tiempo dulce - así que no necesita darle un empujón. Está demasiado ocupado con otras cosas.

10. "Tengo buenos amigos y familia a mi alrededor."

Además de repetirse esto a sí mismo, busque a los que le hacen sentir bien y a los que ama y en los que confía. Estar con un narcisista es como estar en un cuarto frío y oscuro. Busca a esas personas que te hacen sentir como si estuvieras de pie en una piscina de luz solar cálida, que te tratan con amabilidad y calidez. Los buenos amigos y los miembros cariñosos de la familia son los mejores antídotos para un narcisista que jamás conocerás. Estos también pueden incluir colegas de trabajo, vecinos y las nuevas personas que aparecen inesperadamente cuando les haces un hueco - todas esas personas en tu vida que te tratan con respeto y amabilidad. Atesóralos, disfrútalos y mantén la fe en que están ahí fuera.

Capítulo 6 - Romper el ciclo

En este capítulo, queremos hablar sobre cómo puede evitar a los narcisistas en el futuro. Vamos a ver por qué puede atraer la atención de los narcisistas y cómo puede identificar a un narcisista.

Finalmente, nos pondremos creativos y le proporcionaremos algunos métodos para desarrollar el auto amor y el autocuidado, junto con varias prácticas para cultivar la paz interior y la felicidad. Estas técnicas no solo lo harán sentir bien, sino que también le proporcionarán protección contra cualquier narcisista en su vida. Vamos a empezar.

6 razones por las que sigues atrayendo a los narcisistas

En primer lugar, necesito aclarar la afirmación anterior. Se estima que alrededor del 6% de la población sufre de Trastorno Narcisista de Personalidad. Así que, si estás fuera mucho tiempo, trabajando, saliendo y conociendo gente en tu vida diaria, lo más probable es que te encuentres con uno o dos narcisistas.

El problema no es encontrarlos ni siquiera atraerlos. Debido a que se queman a través de las relaciones más que la mayoría de las personas, también tienden a afinarse en cualquier persona nueva, en busca de atención fresca. El problema es dejar que se queden. Los narcisistas son muy buenos para detectar a aquellos que van a aguantarlos y que, por lo tanto, están maduros para ser explotados. Así que no se trata de atraer a los narcisistas - todos lo hacemos a veces - se trata de dejarlos entrar a tu puerta.

Aquí hay algunas preguntas para preguntarte por qué aceptaste a un narcisista en tu vida que te ayudarán a entenderte mejor a ti mismo y a ser más consciente en el futuro de lo que debes buscar al comienzo de una relación.

1. ¿Tiende a soportar el egoísmo de los demás?

Algunos de nosotros somos más tolerantes que otros, y si usted sufre de baja autoestima o fue criado en un ambiente donde se esperaba que se acomodara a un comportamiento egoísta, como el de un padre, usted puede estar condicionado a soportar el egoísmo. Los narcisistas se darán cuenta muy rápidamente de quién aguantará sus juegos y quién no, y se concentrará en aquellos que tienden a ser más tolerantes y tolerantes.

No es necesario ser demasiado cauteloso o sospechoso; después de todo, la mayoría de las personas no son narcisistas. Pero no sienta que tiene que dejar que todos entren de inmediato. Tomarse el tiempo para conocer a la gente lentamente es una mejor estrategia y si usted nota que alguien parece un poco egoísta - dominando en la conversación, permitiéndole pagar por todo - tome nota y disminuya la velocidad de lo que usted le da.

¿Tienes límite en torno de lo que va a tolerar y no tolerará de los demás?

Esto puede aplicarse por igual a amigos, familiares y parejas románticas. Si usted es alguien que tiende a sentirse aprovechado, también puede ser el blanco de los narcisistas. Mire primero a su propio tratamiento de los demás - ¿es usted respetuoso de los demás, se asegura de tratar a todos como le gustaría ser tratado a usted mismo? Una vez que sepa que respeta los límites de los demás, ¿por qué no insiste en que sus límites también están protegidos?

Esto significa pensar en cómo le gustaría que otros lo trataran y hablar cuando no está contento con algo. Es algo que puedes aprender a hacer, así que si sientes que esta puede ser una de las cosas que el narcisista vio en ti, busca formas de fortalecer tus límites: cubriremos algunas aquí, pero algunas sesiones con un terapeuta son un gran punto de partida.

2. ¿Tiende a permanecer más tiempo del que debería en una mala relación?

Retroceder en una relación que comenzó bien pero que desde entonces ha ido cuesta abajo no siempre es fácil de hacer. ¿En qué punto lo terminas? ¿Cómo se hace para lograrlo? ¿Deberías quedarte, solo para ver si mejora?

Si usted es alguien a quien le resulta difícil saber cuándo terminar algo, cuándo dejarlo ir y seguir adelante, lamentablemente puede ser alguien a quien los narcisistas se sienten atraídos. Si siente que una relación no ha resultado como le gustaría, y no está seguro de si debe irse o quedarse, hay algunas cosas que puede hacer.

En primer lugar, recuerde que las relaciones siempre están cambiando. Mejoran o empeoran, pero nunca permanecen igual. El truco es mirar el patrón - si la relación comenzó bien, pero ha empeorado constantemente, y se siente mal consigo mismo, entonces es hora de alejarse. Simplemente no vale la pena su precioso tiempo y energía para permanecer en una relación que no le está haciendo feliz. Nunca.

3. ¿Usted es alguien que soporta ser devaluado?

Un narcisista siempre empezará encantador y encantador, pero déjalos entrar y empezarás a ver su verdadero yo. Esto puede comenzar con un comentario sutil o un comentario un poco descortés. O puede darse cuenta de que nunca tienen su billetera durante las fechas. En general, parecen tomar siempre más de lo que dan en términos de tiempo, energía y esfuerzo.

Si usted es alguien que tiene una tendencia a aguantar y callar, usted es el blanco ideal para un narcisista. Esto no significa que usted tiene que entrar en un partido de gritos con ellos cuando se comportan mal, solo significa que usted necesita tener cuidado con esta tendencia a ser demasiado agradable a la gente. Asegúrate de que las personas a las que les concedes tu tiempo y amabilidad realmente se lo merecen, y devuélveselo también.

4. ¿Tiende a excusar el mal comportamiento de otras personas?

Es bueno dar a la gente el beneficio de la duda. Todo el mundo tiene días malos y nadie es perfecto. Pero si el comportamiento de alguien es consistentemente difícil y usted encuentra que siempre está tratando de encontrar una excusa para ello, esta es una gran señal de advertencia.

5. Si alguien es abusivo, ¿se va inmediatamente?

Esto, más que nada, es una enorme bandera roja. Todos tenemos diferentes niveles de lo que toleraremos, dependiendo de cómo fuimos criados y de nuestro propio temperamento y personalidad. Si alguien creció con un padre que era violento, por ejemplo, podría haber sido preparado para ver este comportamiento como aceptable o simplemente lo que sucede en las relaciones.

Si usted siente que es alguien que soporta más de lo que debería, tenga curiosidad sobre esto. Hable con un terapeuta o lea algo sobre lo que constituye abuso emocional y abuso físico. Aprenda más acerca de escuchar su instinto visceral y las señales de advertencia de abuso. Todas estas cosas se pueden aprender y te protegerán del daño en el futuro.

7 maneras de detectar a un narcisista en la primera cita

Como sabemos ahora, los narcisistas son buenos para encantar a los demás, para parecer increíblemente comprensivos y comprensivos, hasta que los conozcas. Entonces, es una historia diferente. Pero ¿cómo las filtras antes de que te lastimes? No es fácil, sentir una conexión con alguien lo hace aún más difícil. Afortunadamente, hay algunas señales de advertencia.

1. Han planificado la fecha en detalle

Las personas que no pueden planear nada pueden ser frustrantes y a primera vista, alguien que parece tener el control de cada detalle de una primera cita puede ser un cambio bienvenido.

Relación Narcisista

Pero preste atención a esas interacciones tempranas: ¿le permiten elegir el lugar de celebración o insisten en decidir? Cuando llegas allí, ¿te dicen: "Quieres que pida" o lo deciden juntos?

Alguien que parece querer controlar cada detalle puede ser simplemente organizado, o puede tener una personalidad controladora y narcisista. Es demasiado pronto para saberlo, pero ten curiosidad y toma nota.

2. Bombardeo de amor

Ya hemos visto esto en detalle, pero vale la pena volver a mencionarlo, ya que es un rasgo narcisista típico, y uno que puede ganarte fácilmente si no estás al tanto de ello. Si tu cita concuerda absolutamente con todo lo que dices, algo está pasando. Nadie es tan amable ni tan agradable. Aunque es halagador tener a alguien que parece estar en sintonía contigo, si empiezas a sentir que te están engañando, es probable que lo estés haciendo.

También busque fechas que empiecen a hacer demasiados planes, demasiado rápido. En una primera cita, usted debe sentir que tiene un poco de tiempo para respirar y reflexionar después, no encontrarse a sí mismo haciendo cola para otra reunión inmediatamente.

Los narcisistas son muy buenos con las personas encantadoras y luego, antes de que te des cuenta, están en tu vida, asentándose y apoderándose de tu tiempo, tu energía y tu dinero. Sea cauteloso. Si algo parece demasiado bueno para ser verdad, normalmente lo es.

3. Muchas fanfarronadas sutiles

Es un hecho interesante que aquellos que realmente tienen más que alardear - riqueza, éxito, talento, belleza - tienden a no alardear en absoluto. En cambio, buscan hacer que otros se sientan bien porque no tienen necesidad de buscar la aprobación de los demás.

Los fanfarrones son fáciles de reconocer y casi cómicos en sus esfuerzos por alardear e impresionar con su dinero, poder y éxito. Pero tenga cuidado también con los que se jactan de ser humildes y sigilosos, que poco a poco se convierten en la imagen de alguien que se siente superior a todos los demás. Estos son los narcisistas realmente hábiles, y si usted notó unos pocos demasiados fanfarroneos, usted puede estar en la compañía de uno.

4. Son groseros con el personal

La forma en que alguien trata al personal de servicio y a otros que están ahí para servir es siempre reveladora. ¿Exigen, se quejan y actúan con superioridad, o hacen bromas en su nombre o tratan de humillarlos? ¿Insisten en sentarse en un lugar en particular, o tienen algún tipo de problema con el ambiente del restaurante? Si ve a alguien haciendo estas cosas, es una gran señal de advertencia de que pronto lo tratarán de la misma manera.

Ser grosero o enojarse por las molestias cotidianas como la lentitud del servicio en un restaurante también es una señal de que pueden tener problemas con el control de la ira. Claro, todo el mundo tiene días malos y se enfada, pero si alguien parece no tener sentido de la perspectiva y no puede mantener la calma en público, es posible que tenga un problema.

Y también esté atento a cualquier cosa extraña en torno al dinero: como hemos descubierto, los narcisistas tienden a ser malos para regalar y, a menudo, son tacaños con el dinero. Las banderas rojas aquí incluyen desaparecer repentinamente en el baño cuando es hora de pagar la factura, negarse a dejar una propina u olvidar su billetera.

5. Lo que dicen que quieren y su historia no tiene sentido.

Si alguien actúa como si estuviera desesperado por establecerse, casarse y tener hijos, tenga cuidado. Nadie debería estar hablando a largo plazo en una primera cita (o en una segunda, tercera o cuarta cita...) Profundice un poco más y pregunte sobre la historia romántica reciente de alguien. ¿Tienen una serie de relaciones a corto plazo y rupturas dramáticas detrás de ellos? ¿Tienen excompañeros de los que todavía hablan mucho? Todos estos puntos pueden significar que usted está en la compañía de un narcisista que tiende a agitarse y quemarse con sus parejas románticas.

6. Te hacen revelar sus inseguridades, pero protegen las suyas.

Los narcisistas son muy buenos investigando y escarbando para encontrar tus debilidades y las cosas por las que te sientes un poco sensible. Con el tiempo, los usarán para sentirse más superiores y para pincharte cuando quieran ponerte en tu lugar.

Sin embargo, nunca los verás admitir sus propias inseguridades de ninguna manera significativa. Mientras derramas tus secretos, ellos simplemente te escucharán, sonreirán y tal vez dirán algo cortando para retorcer un poco el cuchillo.

Si sales de una cita sintiendo que has sido demasiado sincero y vulnerable, puede ser una señal de que acabas de conocer a un narcisista. Conocer gente nueva debería hacerte sentir bien, animado, animado - no debería hacerte sentir pequeño o expuesto.

7. Todo se trata de ellos.

Las mejores conversaciones son una calle de doble sentido - algunos escuchando, otros hablando, otros compartiendo risas y observaciones. Pero no así con el narcisista, que no está ahí para aprender, escuchar y disfrutar, sino para ser admirado y adulado. Si alguien habla sin parar y usted necesita desaparecer al baño solo para descansar de su charla incesante, tenga cuidado: este es su futuro.

Si cada anécdota que usted cuenta parece dar paso a una historia similar sobre algo que ellos hicieron, pero mejor aún, es otra señal de advertencia. A los narcisistas les resulta muy difícil escuchar. Por lo general, parecen distraídos, juegan con su teléfono o no te miran a los ojos. Prefieren hablar de sus propias habilidades y talentos que aprender más sobre las personas que les rodean. Si se trata de ellos, prepárese para la posibilidad de que pueda estar en compañía de un narcisista.

Otra cosa que usted puede notar es que ellos hablan muy halagadoramente de otras personas que conocen - amigos, colegas de trabajo, miembros de la familia. Te sientes cada vez más pequeño en comparación con estas maravillosas personas, y te preguntas por qué estás pasando una cita escuchando lo especial que era otra persona - ¿no debería haber algún enfoque en ti? (Respuesta: sí.)

¿Qué hacer si se da cuenta de todo esto en la primera cita?

Que se asusté. Disfrute de la noche por lo que es (¡una experiencia de aprendizaje!) y asegúrese de hacer un informe con un amigo de confianza después. ¡Descubrir a un narcisista temprano y establecer sus límites en consecuencia es una habilidad de vida útil que vale la pena conocer!

4 maneras de dejar de atraer a los narcisistas de una vez por todas

Si siente que sigue atrayendo a este tipo de persona a su vida, probablemente esté desesperado por detener el patrón. Después de todo, ¿por qué alguien querría invitar a personas tan difíciles a sus vidas?

La verdad es que el narcisista está ahí para enseñarte algo. Y hasta que lo aprendas, seguirán volviendo. Véalas como una herramienta de enseñanza y de repente son mucho más fáciles de tratar. Pero ¿para qué están ahí para enseñar?

Esencialmente, son las personas complacientes las que parecen atraer a los narcisistas. Los tipos dóciles y fáciles son sus presas preferidas. Si es usted, hay formas de cambiar esta dinámica

1. **No ponga tantas excusas para que la gente**

Si alguien se comporta mal, está equivocado. Punto final. No importa cuán dura fue su infancia, cuán estresante es su trabajo - no hay excusa para el comportamiento abusivo. No lo disculpe. No se compadezca. No eres su médico y no eres su saco de boxeo. No es su problema y no puede arreglar a nadie más que a usted mismo.

Sí, es difícil alejarse de la gente. Es difícil aceptar que no puedes arreglar a alguien, incluso si te preocupas por él. Es difícil cuando se sabe lo indulgente que eres, lo amable y lo buena que sería la relación, si tan solo no fueran tan desagradables. Pero necesita ponerte a usted mismo y a su propia seguridad física y emocional primero.

Si alguien abusa de usted, aléjese. Realmente es la clave para una vida feliz y segura, y usted se lo merece.

2. **Descubra las banderas rojas y confíe en sus instintos**

Hemos cubierto las banderas rojas en detalle, y ahora usted está bien armado con una lista de control de señales a las que debe estar atento.

Tome nota de ellos, confíe en sus instintos, y si siente que no está a salvo, retroceda. Resista la tentación de permanecer en una situación que lo incomoda porque no quiere ser grosero o causar problemas.

No tienes que decirle a la persona por qué ya no estás disponible - de hecho, con un narcisista, es mejor que no lo hagas, ya que a ellos les encantan las confrontaciones y los enfrentamientos. Simplemente retrocedan, desconéctense y dejen en claro que su tiempo y energía están siendo absorbidos en otra parte.

3. No se dejes dominar

Algo en lo que los narcisistas son muy buenos es en desgastar a sus víctimas. Esto puede ser con largas y agotadoras conversaciones de las que literalmente no puedes escapar. Puede ser despertándolo temprano o manteniéndolo despierto hasta tarde en la noche para que se sienta cansado y menos capaz de tomar decisiones claras. Puede ser manteniéndolo bajo escrutinio, observando lo que hace, haciendo muchas preguntas y haciendo muchos comentarios para que se sienta cohibido y enfocado.

Tenga en cuenta esta tendencia, y si siente que se está hundiendo, encuentre la manera de liberarse. Cuelgue el teléfono, vaya a la cama temprano, vaya a casa. Tómese un tiempo y espacio para revitalizarse (nadar, hacer ejercicio, meditar o caminar) y luego lidiar con ellos. Si un narcisista sabe que tiene límites claros en torno a su tiempo y energía, pasará a otra persona.

Si se trata de una relación buena y saludable, no les importará que tome las cosas con calma.

4. Busque ayuda de un terapeuta capacitado

Si te encuentras involucrado en estas relaciones una y otra vez, puede ser que necesites desentrañar las razones más profundas con la ayuda de un terapeuta experto. Esto tomará tiempo y dinero, pero puede ser la mejor inversión que haya hecho en sí mismo y en su futuro.

9 poderosos consejos para desarrollar un amor propio inquebrantable

Una manera probada y comprobada de protegerse de los narcisistas es desarrollar el amor propio. No se trata de ser egoísta o narcisista usted mismo; se trata de cuidarte de la misma manera que lo harías con un buen amigo o un niño pequeño. Aquí, he reunido algunas técnicas e ideas simples para realmente trabajar en tu amor propio.

Esto es algo que un narcisista no puede quitarte, y que lo mantendrá a salvo en el futuro.

1. Empiece cada día estableciendo intenciones conscientes

Establecer la intención es esencialmente decirte a ti mismo que eres digno de cuidado y amor. Comienza cada día con unos momentos de respiración atenta y establece tu intención para el día, que puede ser algo tan simple como "Hoy voy a cuidarme y mostrarme amor en todo lo que hago porque lo merezco".

Puede sonar extraño, pero diga esto - o cree un mensaje o mantra personal que funcione para usted - y verá los beneficios.

Esencialmente, un mantra o intención amorosa envía una señal a tu subconsciente de que eres digno de amor y cuidado que lenta pero seguramente desafía todos esos mensajes negativos que te fueron dados por el narcisista.

2. Dese el gusto de ser un amigo o un niño pequeño

Si se sientes mal consigo mismo y no puede deshacerse de los sentimientos de baja autoestima, piense en usted mismo como en otra persona, tal vez un buen amigo o un niño pequeño. ¿Qué harías para que se sienta mejor? ¿Qué aconsejaría usted? Si fueras un amigo sabio y compasivo, ¿qué te dirías para sentirte mejor? Si estuvieras cuidando a una niña pequeña, ¿le darías una buena comida, le darías un baño caliente y le darías una historia reconfortante en la cama?

Escribir una carta para usted mismo es otra manera poderosa de aprovechar su sabiduría y bondad interior. Escribe todo lo que te dirías a ti mismo y cuando lo leas más tarde, te sorprenderás de lo poderosas que pueden ser tus palabras. Guarde sus cartas y léalas cuando necesite claridad o un poco de apoyo.

3. Reconozca sus sentimientos

Algo, simplemente nombrar tus sentimientos - *me siento triste*, o me *arrepiento* - puede ser una manera de moverme a través de ellos. Somos muy buenos escapando de nuestros sentimientos de todas las maneras: adormeciéndonos en los medios sociales, el alcohol, las compras, comer en exceso.

Pero a veces la mejor manera de integrarse y aprender es tomarse el tiempo para sentirlos realmente - sentarse con ellos, dar un largo paseo o nadar, o escribirlos. En vez de tratar siempre de escapar, hazte amigo de tus sentimientos y pronto descubrirás que son simplemente sentimientos, no una realidad concreta y fija, y pasarán.

4. Regálese de forma saludable

La vida está aquí para ser disfrutada y saboreada. Si se ha encontrado en una relación con un narcisista, es posible que lo haya olvidado. Es posible que se sienta agotado, desanimado y pequeño.

Recupere el control y trátese con actos de bondad y positividad, como lo haría con alguien que se está recuperando de una enfermedad o accidente. ¿Cuáles son sus formas favoritas de relajarse: una película divertida, unas vacaciones, su comida casera favorita frente al televisor, ¿un baño caliente o un largo baño o una caminata en el bosque?

Para variar, haga todas esas cosas que lo hacen sentir bien y deje tiempo para hacerlas regularmente.

5. Medite

Los beneficios de la meditación son ahora bien conocidos, y la meditación regular es una forma segura de aumentar los sentimientos de calma, felicidad y control. Gracias a Internet, es fácil meditar - solo hay que buscar meditaciones guiadas en línea, encontrar un espacio tranquilo para sentarse o tumbarse, y darse diez minutos o más para meditar - pronto notará los beneficios de una mayor claridad y alegría.

6. Sienta gratitud

Es fácil ser castigado por todo lo que sale mal, especialmente si tienes un narcisista en tu vida que te recuerda todos tus defectos y fracasos. Pero la investigación muestra consistentemente que son los sentimientos de gratitud, no el dinero, la riqueza o el éxito, los que conducen a una buena autoestima.

Tómese un momento en el que recuerde pensar en todo en su vida por lo que se siente agradecido: sus amigos, su salud, todo lo que salió bien ese día, desde una pequeña conversación hasta un momento tranquilo para leer un buen libro. Sentir gratitud por los pequeños placeres de la vida es la verdadera clave de la felicidad.

7. Cuide su cuerpo

Si bien centrarse en la meditación y el diálogo personal saludable se encargará de su mente, no se olvide de su cuerpo. Comer bien, beber mucha agua, dormir lo suficiente y hacer ejercicio con regularidad, incluso si se trata de una caminata suave o de un video de entrenamiento de diez minutos o de bailar alrededor de la casa, son esenciales para la felicidad.

Es tan fácil hoy en día vivir en nuestras cabezas - en línea o perdido en pensamientos - mientras que nuestros cuerpos están descuidados. Pero si usted está saliendo de una mala relación, cuidar de su ser físico es tan importante como su bienestar emocional. Y, de hecho, cuando tu cabeza es un desastre, a veces es una buena idea volver a lo básico - comida, agua, ejercicio, sueño - como una forma de reconstruir tu bienestar.

8. Devuelva con gratitud

Lo que la gente egoísta no se da cuenta es que dar a otros puede recompensar tanto al que da como al que recibe. Tomarse el tiempo para ofrecer amabilidad a los demás es una manera de cuidarse a sí mismo - ser voluntario, pasar algún tiempo jugando con un niño, recaudar dinero para una buena causa, o ayudar a un amigo. Sentirá que su propia felicidad se eleva junto con aquellos a los que está ayudando.

9. Planifique para el futuro

Una vez que se haya ocupado del momento presente, dedique algún tiempo a hacer su futuro más brillante. ¿Qué puedes hacer hoy que te haga sentir mejor dentro de un año? Piensa en lo que te gustaría hacer y dónde te gustaría estar y aplica la ingeniería inversa al proceso pensando en lo que puedes hacer ahora para llegar allí.

Tal vez usted necesita hacer un poco más de formación o buscar algún trabajo independiente para financiar unas vacaciones de ensueño. Tal vez quieras estar más sano y en forma, así que hoy necesitas esforzarte para salir a correr. Tal vez quieras escribir un libro, así que hoy dedicas una hora a escribir 500 palabras.

Mantener una lista de lo que quieres que sea tu vida te guiará en tus elecciones diarias y te mantendrá enfocado en tu felicidad y tus metas en la vida.

Capítulo 7 - Amar de nuevo

Así que ha comenzado a recuperarse de su relación con un narcisista y está listo para seguir adelante. ¿O es usted? En este capítulo, analizaremos el tema de las citas y cómo evitar que vuelvas a cometer los mismos errores con tu nueva pareja.

También cubriremos algunos cambios de actitud que usted necesita hacer para que pueda disfrutar de mejores relaciones. Hemos cubierto las banderas rojas que hay que tener en cuenta y en este capítulo iremos un paso más allá y analizaremos las primeras señales que muestran que ha encontrado un buen socio. Finalmente, cubriremos los buenos hábitos para que una nueva relación tenga un comienzo saludable.

Se pueden establecer los términos de una relación de ordenación hasta cierto punto, y el inicio es el mejor momento para hacerlo. Idealmente, usted habrá pasado algún tiempo pensando en las relaciones y sus propios patrones, y se sentirá fresco y energizado y listo para aventurarse en el mundo de las citas de nuevo.

¿Qué puede hacer para asegurarse de que sus nuevas relaciones tengan el mejor comienzo? Mucho, por casualidad. Pero, antes que nada, veamos algunas cosas que usted definitivamente debe evitar.

7 errores que se deben evitar cuando empiezas a salir con alguien de nuevo

Si usted ha estado en una relación con un narcisista, es posible que aún tenga creencias poco útiles acerca de lo que su pareja debe decir y hacer. Su juicio puede verse distorsionado por pasar tiempo con las personas equivocadas. También puede sentir que su confianza ha recibido un golpe. En primer lugar, no hay necesidad de apresurarse a volver a salir con alguien.

Date todo el tiempo que necesites para recuperarte, usando alguna o todas las ideas que mencioné en el capítulo anterior. Tenga siempre en cuenta que tendrá que andar con cuidado para evitar cometer los mismos errores de nuevo.

A continuación, se enumeran algunas trampas comunes que debes tener en cuenta cuando empieces a salir con alguien de nuevo.

1. **Esconder la verdad de quién eres**

En el mundo de las citas, se puede sentir que necesitamos presentarnos como un paquete brillante, con pasatiempos interesantes, un gran cuerpo, y una cara feliz y sin problemas. No caigas en esa trampa. Sé honesto acerca de quién eres con todas las personas que conoces, no sientas que tienes que complacer o impresionar, y encontrarás que las personas correctas vienen a ti.

¿Qué pasa si lees esto y piensas, pero no sé quién soy? Siéntase curioso. Conózcase y siéntase cómodo consigo mismo, ya sea por su cuenta o con la guía de un terapeuta, para que cuando salga al mundo se sienta más seguro de lo que es y menos propenso a ser perturbado por un narcisista.

2. **Comenzar demasiado rápido**

Como ya hemos visto, los narcisistas son expertos en moverse rápido al comienzo de una nueva relación, solo para que se desmorone con bastante rapidez una vez que el zumbido inicial desaparece. Tenga en cuenta esta tendencia cuando conozca a alguien y busque bombardeos de amor. Lo más importante, tómalo con calma. No se emborrache y vaya a casa con su cita esa primera noche, y definitivamente no comparta todos sus secretos.

Tome cualquier bombardeo de amor escandaloso o charla de compromiso con una gran pizca de sal. Si está destinado a ser así, tomarse su tiempo no hará ninguna diferencia. En este sentido, y hay que decirlo, no te acuestes con alguien en la primera cita si estás pensando que podría ser una relación a largo plazo.

3. Esperar que se comprometan exclusivamente

Como en el caso anterior, tome las cosas con calma. Las citas son para conocer gente, y no puedes esperar que alguien se comprometa contigo en una primera cita, o incluso en una segunda o tercera. Si alguien parece estar listo para barrerte y ya está hablando de una relación exclusiva después de tres horas en tu compañía, ¡no te lo creas! Alguien que cae en el encaprichamiento tan rápido es probable que caiga fuera de él tan rápido, y tú eres el que se quemará.

4. Olvidarse de divertirse

Es fácil sentir que todo está destinado a fracasar después de una mala relación. Si se siente cansado y amargado, puede ser que aún no esté listo o que no haya encontrado a la persona adecuada.

Tuvo una mala experiencia, y eso puede desanimarte del mundo de las citas de la misma manera que un ataque de intoxicación alimentaria puede desanimar a tu pareja con la comida en particular para toda la vida. Pero recuerda, las citas también pueden ser divertidas. Hay - lo crea o no - mucha gente decente, amable y cariñosa que solo quiere conocer a alguien con quien pasar el tiempo.

Tuvo mala suerte. Pero no es su destino. Con un poco de autocuidado y tiempo para reflexionar, habrás hecho un crecimiento personal importante que te ayudará cuando estés listo para intentarlo de nuevo. Trate de no tomarlo demasiado en serio y recuerde los beneficios de la atención y la gratitud a medida que avanza. La vida está ahí para ser disfrutada, de lo contrario, ¿cuál es el punto?

Una importante advertencia: si realmente no está disfrutando de la vida o se siente genuinamente ansioso y deprimido, todos los mensajes alentadores, la atención y la gratitud en el mundo podrían no ser suficientes para hacerlo sentir mejor. Siempre, siempre busque y busque ayuda si está luchando. Vaya a su médico de cabecera, habla con alguien.

5. Vea a un socio como el comienzo y el fin de todo

Puede ser perfectamente feliz soltero. Curiosamente, para muchas personas, es solo cuando son verdaderamente felices por su cuenta y no buscan conocer a nadie que realmente encuentran a alguien con quien comprometerse.

Si usted siente que encontrar a alguien es una prioridad urgente en su vida, necesita dar un paso atrás un poco. Encuentre maneras de disfrutar el tiempo por su cuenta. Pasa un día entero solo haciendo las cosas que disfrutas, hazte amigo de ti mismo y date la clase de compañía que disfrutarías de otra persona.

Si realmente sientes que encontrar a alguien es una cuestión de urgencia, solo harás las cosas más difíciles para ti mismo. Las nuevas relaciones prosperan mejor en una atmósfera de facilidad y diversión sin prisas.

6. No mantenga la mente abierta

Si tiene una idea de cómo debería ser su nuevo socio y está absolutamente establecido, tendrá problemas. Ese compañero ideal podría no existir. O el compañero ideal para ti podría no ser nada como el que tienes en la cabeza. Mi consejo es mantener una mente abierta en general, no solo con las citas. Sea flexible y pruebe nuevas experiencias (siempre manteniendo límites seguros y cuidándose).

7. No confié en sus instintos

Esto es probablemente lo más importante que puedes hacer para evitar repetir el mismo error con una relación. Claro, puede que le guste alguien. Pueden ser atractivos, divertidos, encantadores y parecen estar muy interesados en usted. Todo se ve maravilloso en la superficie como dicen y hacen todas las cosas correctas.

Pero ¿cómo se siente?

Como humanos, estamos conectados para captar todo tipo de señales no verbales cuando interactuamos con otros para saber si son seguros o no. No nos damos cuenta de ellos muchas veces, por lo que podemos adquirir el hábito de anular o ignorar estos mensajes de nuestro inconsciente si no encajan con lo que creemos que queremos: una relación, alguien con quien salir, el matrimonio, los bebés....
Pero escuchar y confiar en tus instintos - y luego responder a lo que te dice - es una de las cosas más inteligentes que puedes hacer por tu seguridad física y emocional.

Puede significar ser grosero y dejar una cita o no ir a casa con alguien que es increíblemente encantador y persuasivo. Puede significar que te digan que eres grosero o difícil.

No se preocupe. Si está con alguien, y su intestino se siente tenso, o siente una sensación general de inquietud que no puede sacudirse, cree esos mensajes y salga tan rápido como pueda.

Si hay un mensaje que espero que saquen de este libro, es este: *siempre confíe en su instinto.*

5 primeros signos de que finalmente ha encontrado un buen socio

Ahora que hemos descubierto lo que no debemos hacer cuando volvamos a salir, pasemos a lo bueno: encontrar a alguien que vaya a hacer de tu mundo un lugar más feliz, no darle la vuelta. Hay muchas señales que usted puede observar que le mostrarán que está en el camino correcto con una nueva pareja.

Aquí hay algunas cosas que debes tener en cuenta cuando empieces a salir con alguien que te indique que has encontrado a alguien con quien eres compatible.

1. Se siente físicamente a gusto en su presencia

Si está con alguien que es bueno para usted, que no le va a hacer daño, probablemente tendrá una sensación cálida y fácil. La conversación fluirá suavemente la mayor parte del tiempo. No te encontrarás preocupándote por lo que has dicho o hecho, y estarás disfrutando.

Se sentirá físicamente seguro, cómodo y relajado. Busque esos sentimientos cuando empiece a salir con alguien y cree en ellos, incluso si la persona no es necesariamente la pareja de sus sueños en todos los sentidos - a veces sucede de esa manera.

2. Comparten intereses y preocupaciones comunes

No importa lo atractivo o encantador que sea alguien, en una relación a largo plazo, tiene que haber algo más que química. Si sientes que compartes intereses y pasiones similares, es una gran señal de compatibilidad. Esto no significa que alguien esté de acuerdo con todo lo que usted dice. Se trata más bien de sondear tu visión del mundo y saber con bastante rapidez que la otra persona está en la misma página.

Esto no quiere decir que deba ser compatible en todos los sentidos. De hecho, es genial tener algunas áreas donde no tienes absolutamente nada en común. Alguien con diferentes intereses puede enseñarte cosas que nunca te habían parecido interesantes. Por otro lado, tener intereses que su pareja no comparte le da una sensación de espacio y le permite mantener una identidad separada.

Tenga en cuenta que es bueno disfrutar el tiempo libre de la misma manera. Si a usted le encanta viajar y su posible pareja no tiene pasaporte, es posible que no haya una relación de por vida en las tarjetas. Si están inmensamente invertidos en un pasatiempo - ciclismo, juegos de azar, correr - que no le interesa en absoluto, es posible que tenga que manejar sus expectativas sobre su disponibilidad.

Pero si usted encuentra que disfruta al menos de algunas de las mismas cosas - incluso si es tan simple como acurrucarse en el sofá viendo películas viejas - entonces lo más probable es que usted disfrute de la compañía del otro.

3. Aparecen cuando dicen que lo harán

Los narcisistas son muy buenos para llegar tarde, creando drama con cancelaciones de última hora y decepciones. Hacen mucho escándalo por el simple hecho de honrarte con su presencia. No es de extrañar que estar cerca de ellos pueda resultar agitado y estresante.

¿Cómo es la experiencia opuesta? Si alguien llega a tiempo, se ve amigable y relajado, y se divierten juntos - hablando, charlando, caminando, viendo una película o simplemente tomando un café juntos - puede empezar a bajar la guardia y relajarse.

Cuando empiece a ver a alguien, debería sentirse como si estuviera conociendo a un amigo o colega de trabajo más que una escena sacada directamente de una película de Hollywood. Debe sentirse relajado, fácil, divertido. Usted debe sentirse curioso y animado, no abrumado o inundado con emociones y química. Debería haber algo de química, sí, pero no debería parecer demasiado urgente o exagerado.

4. Son amables y están interesados en usted

¿Recuerda cuando vimos refuerzos intermitentes? Lo contrario de esto es la consistencia. Si alguien es bueno con usted, pero solo a veces, mi consejo es que se retire. Pero si alguien es siempre agradable y amable -no exagerado, solo decente-, es muy posible que se encuentre en presencia de un portero.

No pierda el tiempo con alguien que solo está disponible de vez en cuando, o que te da solo las migajas de su atención. Generalmente, si le gustas a alguien, **lo sabes**. No es un misterio. Si te encuentras preguntándote dónde estás con alguien, es probable que no seas su principal prioridad.

5. Comparten estilos de vida similares

El sueño, la comida, el ejercicio, los niveles de orden y los hábitos diarios como la lectura o el ejercicio - todas estas cosas mundanas conforman la forma en que vives tu vida. Si ven alguna compatibilidad en las cosas pequeñas, entonces es una muy buena señal para su futuro juntos. Si entras en la casa de alguien y te gusta cómo se ve y se siente (en lugar de sentirte impresionado, asombrado o simplemente un poco perplejo), debes confiar en ese sentimiento. Una relación a largo plazo no se trata de pasión y química alucinantes. Se trata de disfrutar de su vida diaria juntos, y sus hábitos diarios son una gran parte de esto.

En esta nota, si desea facilitarle la vida, preste atención a cómo alguien se presenta a sí mismo y a su espacio vital. Si parecen descuidados o caóticos, eso debería darte una pausa. Y si esa persona depende del alcohol u otras sustancias, tenga en cuenta que es posible que no tenga los recursos para ser una buena pareja

8 grandes hábitos para comenzar su nueva relación de la manera correcta

1. Lento y constante

Reténgase cuando conozca a alguien nuevo. Recuerda, si es a ellos a quienes tienes todo el tiempo del mundo para disfrutar de ese hecho. Si no lo son, deberías disfrutar de la relación por lo que es, pero también protegerte para que no tengas que curarte y recuperarte de una relación desastrosa.

2. Trátelos como le gustaría ser tratado

Establezca el tono para la relación que le gustaría tener con alguien al ser esa persona usted mismo. Se amable. Llegar a tiempo. Comunícate tan claramente como puedas. Una nueva relación es un nuevo comienzo, y puede guiarla en la dirección correcta siendo respetuosa y positiva.

Incluso cuando surjan discusiones, y lo harán, recuerde que tiene algo especial entre usted y que debe ocuparse de eso, incluso si tiene un desacuerdo temporal. Es posible pelear con alguien sin dejar de ser respetuoso y sin hacer daño permanente al vínculo entre ustedes.

Si está destinado a ser, usted habrá sentado las bases para una relación rica y amorosa al tratar a su pareja como a usted le gustaría ser tratado.

3. Enfóquese en la otra persona

Construir una relación fuerte requiere tiempo y esfuerzo. A menudo es el resultado de muchas interacciones diarias, y aprender a enfocarse en alguien y responder a él es una habilidad útil para cualquier relación, no solo romántica.

Para hacer esto, en primer lugar, elimine las distracciones. Dedique tiempo a pasar tiempo con su pareja, apague las pantallas, escuche y concéntrese. Incluso si está ocupado y corriendo en direcciones separadas, el contacto visual y el afecto pueden ser de gran ayuda para mantener una conexión saludable y amorosa en el futuro.

4. Cuídese

Solo porque haya conocido a alguien nuevo, esto no te da una excusa para detener sus esfuerzos por sanar de su experiencia con un narcisista. Siga haciendo todas esas cosas que hizo para recuperarse: hablar con un terapeuta, cuidar su bienestar físico y mental, llevar un diario y pasar tiempo solo para descansar y recargarse. Tomarse un tiempo para reflexionar sobre a dónde va la relación y cómo se siente es otra manera de cuidarse a medida que avanza.

Incluso en los primeros días, acostúmbrese a reservar un poco de espacio personal, incluso si tiene ganas de estar con ellos todo el tiempo. Deles tiempo para extrañarlo y sienta curiosidad por lo que ha estado haciendo. Es importante darse tiempo para disfrutar de su propia compañía.

5. No hable del pasado

Pase lo que pase con el narcisista, no se detenga demasiado si lo hace sentir mal. Por supuesto, usted necesita pasar algún tiempo en ello, ya sea solo o con un terapeuta, pero no vive allí. Cuando se encuentre reflexionando o preguntándose cómo va el narcisista, vuelve firmemente al presente con autocuidado o distracción.

En este sentido, no asuma que todos sus futuros socios lo van a defraudar. Si ha trabajado un poco en usted y ha reflexionado sobre lo que puede haberlo llevado a su compañero narcisista, debería ser capaz de evitar llevar este equipaje a su nueva relación. Ofrezca una oportunidad a esta nueva persona.

6. Recuerde cuán lejos has llegado

Si ha tenido una relación con un narcisista, ha pasado por una gran experiencia. Siempre recuerde el hecho de que se escapó de esa situación, que ahora está a salvo, y que tiene mucho por lo que esperar.

Si se encuentras arrepintiéndose del tiempo que paso con ellos, recuérdese que tiene todo un futuro por delante que ellos ya no tienen el poder de arruinar. Estás a salvo. Mereces ser feliz.

7. **No hable mal de la relación con los demás.**

8. Si está comenzando con alguien, a veces es una buena idea dejar que crezca en su propio tiempo y en privado, antes de comenzar a hablar demasiado de eso con los demás. Es natural querer compartir su nueva relación con amigos, pero tenga en cuenta cuánto comparte. Intenta mantener algunas cosas privadas. Hay un par de razones para ello.

Primero, dejar que otros entren a tu nuevo mundo con esta persona demasiado rápido, particularmente si te prefieren soltero, puede tener un impacto negativo en la nueva relación. En segundo lugar, hablar de la relación en detalle con los demás tiene una forma de quitarle energía a su crecimiento y abrir el nuevo vínculo que has formado con la influencia de otros, que pueden no tener tus mejores intereses en el corazón.

Si no estás seguro de cómo te va, pero generalmente te sientes bien, habla con tu nueva pareja, con tu diario o con tu terapeuta. Y si de repente te sientes molesto, no te apresures a hablar mal de tu nueva pareja con tus amigos. Una nueva relación es algo frágil, como una plántula o un bebé diminuto, y usted necesita tratarla y cuidarla a medida que se hace más fuerte.

9. **Ríanse juntos**

Compartir el humor es una de las mejores maneras de aliviar el estrés y establecer vínculos con su pareja. Y es lo que hace que estar en una relación con alguien sea tan divertido. Así que no olviden reírse, disfrutar de la compañía del otro y ser tontos juntos.

Una última palabra sobre cómo encontrar un nuevo amor.

A medida que se aleja del narcisista, recuerde ser positivo y esperanzado para el futuro, pero también realista. Desafortunadamente, hay algunas personas por ahí de las que necesita alejarse para su propio bienestar y felicidad. Pero también hay muchos otros que enriquecerán tu vida. En última instancia, se trata de encontrar ese punto dulce entre mantenerse a salvo y confiar en aquellos con los que se encuentra para hacer lo correcto por usted.

Si la relación que ha tenido con un narcisista es buena para algo, es que ha aprendido a cuidarse a sí mismo de muchas maneras nuevas. ¡Cree en tus nuevas ideas, sal y diviértete!

Conclusión

Con suerte, en este libro, usted ha descubierto más sobre sí mismo y sobre otras personas. Use este conocimiento para disfrutar de relaciones saludables, satisfactorias y alegres. Hemos estado en un viaje juntos, y mi deseo sincero es que te sientas energizado, educado y listo para enfrentar el futuro.

Tomemos un momento para repasar los puntos clave de este libro.

En primer lugar, analizamos las razones para recogerlo: sospechas que puedes estar en una relación con un narcisista y quieres saber más. O has salido de una mala relación y ahora te preguntas - ¿qué pasó? También puede evitar cometer los mismos errores de nuevo o impedir que otros lo hagan.

Creo firmemente que deberías conocer a tu enemigo. Y conocer al narcisista y lo que lo hace funcionar es una herramienta que te ayudará a salir adelante a medida que avanzas en la vida.

También observamos los rasgos clave de los narcisistas que los hacen tan fáciles de detectar: principalmente, un sentido grandioso de sí mismo, una creencia inquebrantable de que son especiales y tienen un talento único. También tienen una habilidad desvergonzada para explotar a la gente, abusar de los demás y ponerse a sí mismos en primer lugar.

También analizamos lo que hace que alguien sea un narcisista y cómo una infancia que combina el deterioro excesivo con períodos de abandono es a menudo lo que siembra las semillas de un trastorno narcisista de la personalidad. Vimos que a pesar de la forma fuerte y abrumadora en que se presentan, en realidad es muy solitario dentro de la cabeza del narcisista, y no son tan poderosos como necesitan que uno piense que lo son.

Descubrimos las principales señales de alerta de los narcisistas, y algunas de sus tácticas más comunes, incluyendo la iluminación con gas, los bombardeos amorosos, los refuerzos intermitentes y la rabia narcisista. Las tácticas manipuladoras de los narcisistas pueden ser bastante perturbadoras para aquellos que están acostumbrados a una comunicación más directa, pero una vez que las conocen y entienden, están mejor equipados para lidiar con ellas. Y lo más importante, ha dejado de preguntarse si todo está en su cabeza.

Ahora usted sabe muchas de las frases reveladoras que los narcisistas usan y lo que los desencadena. Puede identificar los tipos de personas que le atraen, generalmente almas amables y empáticas que tienden a dar a otros el beneficio de la duda. También estudiamos cómo evitar provocar al narcisista y sentir toda la furia de uno de sus ataques.

En pocas palabras, no puede razonar con un narcisista y no puede esperar las mismas respuestas razonables de ellos que las que recibirías de otros. Estar cerca de un narcisista no es como estar cerca de la mayoría de la gente - en lo que necesita concentrarse es en protegerte a usted mismo, y también en manejarlos para que puedan mantenerse bajo control.

Un punto importante que tocamos aquí es que el narcisista no puede cambiar. No hay nada que puedas hacer para mejorar su comportamiento, y aceptar esto y seguir adelante lo mejor que puedas es la única respuesta sensata.

Luego pasamos a la forma en que esto afecta a sus víctimas. Analizamos el daño que puede hacerte, y por qué debes irte o desconectarte por tu propio bien. Los narcisistas son muy buenos manipulando a sus víctimas, agarrándose fuertemente cuando muestran signos de irse y haciendo una ruptura limpia lo más difícil posible.

Pero una vez que esté consciente de esto, y pueda tener en cuenta su propia salud mental y bienestar en el futuro, encontrará dentro de sí mismo el poder de cortar el cordón para siempre. Lo triste aquí es aceptar que el narcisista no es realmente capaz de amar o de tener relaciones afectuosas, y tienes que renunciar a la esperanza de que alguna vez recibirás lo que necesitas de ellos.

La segunda parte del libro fue más activa y requirió más aportes de ustedes, con muchas técnicas y estrategias para avanzar en su nueva vida, libre de esta personalidad problemática.

Estudiamos cómo salir, y el método de Gray Rock como una forma de hacer que el narcisista pierda interés en usted.

Luego buscamos la sanación - cómo volver a ser neutral después de esta experiencia perturbadora, y desde allí, cómo revitalizarse y avanzar con valentía, fuerte autoestima y esperanza.

Descubrió todo tipo de formas de hacerse más fuerte y saludable, para que el narcisista no pueda encontrar una forma de volver a entrar. Las opciones de salud mental incluyen la terapia, la meditación, el amor propio, los mantras y el diario. Usted puede fortalecerse físicamente con comida, sueño y ejercicio. Hay muchas maneras de sanarse a sí mismo, y espero que encuentren las que funcionen para ustedes y disfruten de los numerosos beneficios.

Finalmente, buscamos romper el ciclo para que no vuelvas a encontrarte en esta situación. Cubrimos lo que hay que buscar en una relación, las señales de alerta temprana y las señales de que se está en el camino correcto hacia un futuro más saludable y satisfactorio.

Merece ser tratado bien, merece una relación amorosa, y honestamente creo que, si hace el trabajo de crecimiento y se cuidas a sí mismo, puede encontrarlo. A veces, un libro no es suficiente y también se necesita una guía de la vida real: Espero que tenga los recursos y el coraje para explorar más a fondo con un terapeuta entrenado y compatible, si lo necesitas.

Espero que hayan disfrutado del viaje y lo hayan encontrado útil. Los narcisistas son increíblemente frustrantes de tratar, y pueden hacer mucho daño. Ojalá no fuera así, pero lo más probable es que, aunque nunca tengas una relación estrecha con uno, te los encuentres en tu vida, en tu trabajo y en tus relaciones cotidianas con el mundo.

A veces, no puedes simplemente ignorarlos. Son ampliamente reconocidos por los psicólogos como algunas de las personas más difíciles de tratar, por lo que tomarse el tiempo para leer sobre ellos y aprender más es un buen uso de su tiempo y energía. La naturaleza humana es fascinante, e incluso puedes llegar a un punto en el que simplemente pueda disfrutar de las peculiaridades de un narcisista en su familia o en su vida laboral sin ser demasiado afectado por ellas.

Ahora tiene un montón de estrategias efectivas para lidiar con los narcisistas que puedes poner en práctica y usar tantas veces como necesites (¡esperamos que no, pero no puedes garantizarlo!) Sabe cómo cuidarse, cómo dar marcha atrás, y cómo formar relaciones más saludables y satisfactorias con aquellos que apreciarán su presencia, tiempo y energía. Sabes que incluso si los narcisistas te dificultan irte, aún tienes derecho a hacerlo.

Si hay algo que me gustaría que le quitaras a este libro, es **confiar en sus instintos y hacer lo que sea necesario para mantenerse seguro y feliz**. No hay necesidad de sufrir con aquellos que no son buenos para usted, y darles su tiempo y energía que podrían gastarse mejor en otro lugar.

Los narcisistas realmente son vampiros que caminan entre nosotros, alimentándose de la buena energía de otros y a gusto, explotando su bondad y generosidad. No se sienta mal por alejarse de ellos, por mucho que lloren y lloren. Diga que no, proteja sus límites, póngase como prioridad y a su propio bienestar también. Se mereces mucho más que eso de sus relaciones - y puede tenerlo.

Relación Narcisista